Apresentações convincentes

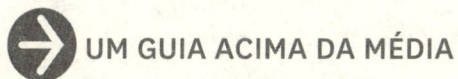 UM GUIA ACIMA DA MÉDIA

Harvard Business Review
Apresentações convincentes

Nancy Duarte

Título original: *HBR Guide to Persuasive Presentations*

Copyright © 2012 por Harvard Business School Publishing Corporation
Copyright da tradução © 2018 por GMT Editores Ltda.
Publicado mediante acordo com Harvard Business Review Press

Todos os direitos reservados. Nenhuma parte deste livro pode ser utilizada ou reproduzida sob quaisquer meios existentes sem autorização por escrito dos editores.

TRADUÇÃO: Marcelo Schild
PREPARO DE ORIGINAIS: Fernanda Lizardo
REVISÃO: Rebeca Bolite e Tereza da Rocha
DIAGRAMAÇÃO: DTPhoenix Editorial
CAPA: Stephani Finks / HBR Press
ADAPTAÇÃO DE CAPA: Gustavo Cardozo
IMPRESSÃO E ACABAMENTO: Cromosete Gráfica e Editora Ltda.

CIP-BRASIL. CATALOGAÇÃO NA PUBLICAÇÃO
SINDICATO NACIONAL DOS EDITORES DE LIVROS, RJ

D873a   Duarte, Nancy
           Apresentações convincentes/ Nancy Duarte; tradução de Marcelo Schild. Rio de Janeiro: Sextante, 2018.
           208 p.; 14 x 21 cm. (Coleção Harvard: um guia acima da média)

           Tradução de: HBR guide to persuasive presentations
           ISBN 978-85-431-0599-4

           1. Apresentações em público. 2. Comunicação interpessoal. I. Schild, Marcelo. II. Título. III. Série.

18-49479   CDD: 658.4
                                           CDU: 658.011.4

Todos os direitos reservados, no Brasil, por
GMT Editores Ltda.
Rua Voluntários da Pátria, 45 – Gr. 1.404 – Botafogo
22270-000 – Rio de Janeiro – RJ
Tel.: (21) 2538-4100 – Fax: (21) 2286-9244
E-mail: atendimento@sextante.com.br
www.sextante.com.br

Sumário

O que você vai aprender   11

Introdução   13
    Planeje bem

Seção 1: PLATEIA   17
    Conheça sua plateia e desenvolva empatia

    Compreenda o poder da plateia   19
    O destino de sua ideia está nas mãos dela

    Segmente a plateia   22
    Concentre-se em quem é mais importante

    Apresente-se com clareza e concisão aos executivos   25
    Ajude-os a tomar grandes decisões dentro de um cronograma apertado

    Conheça sua plateia   28
    É mais fácil convencer alguém que você já conhece

    Defina como você convencerá a plateia   31
    Que tipo de crença quer incutir nas pessoas? Como deseja que elas se comportem?

    Identifique pontos em comum   33
    Repercussão através da empatia

Seção 2: MENSAGEM — 37
Crie conteúdos persuasivos

Defina sua grande ideia — 39
*Estabeleça claramente seu ponto de vista –
e o que está em jogo*

Crie conteúdo para fundamentar a grande ideia — 41
*Quando você está fazendo brainstorming,
mais é mais*

Antecipe a resistência — 45
Reflita sobre os pontos de vista contrários ao seu

Amplifique sua mensagem através de contrastes — 48
Crie e resolva tensões

Elabore um convite à ação eficiente — 50
Produza!

Escolha suas melhores ideias — 53
Selecione e filtre

Organize seus pensamentos — 56
*Faça um esboço da sua apresentação
redigindo títulos de slides claros e dinâmicos
e que tenham coerência entre si*

Equilibre o apelo analítico e o emocional — 59
*Permaneça verossímil quando estiver
tentando atrair as pessoas*

Abandone o jargão — 62
*Sua linguagem é clara o bastante para passar
no "teste da avó"?*

Crie frases de efeito — 65
As boas frases são repetidas, tuitadas e memorizadas

Seção 3: HISTÓRIA   67
    **Use princípios e estruturas narrativas
    para envolver o público**

Aplique princípios narrativos   69
Torne sua apresentação marcante

Crie uma estrutura sólida   71
Princípios narrativos fornecem contexto

Elabore o início   73
*Estabeleça a lacuna entre o que é
e o que poderia ser*

Desenvolva o meio   76
*Construa a tensão entre o que é
e o que poderia ser*

Torne o final impactante   78
Descreva a nova felicidade

Acrescente uma camada emocional   80
Decisões não são tomadas somente a partir de fatos

Use as metáforas para dar liga   85
Temas memoráveis ajudam a tocar o público

Crie uma situação que todos adorarão recordar   87
Faça com que sua ideia atinja as pessoas

Seção 4: MÍDIAS   93
    **Identifique o melhor meio de transmitir
    sua mensagem**

Escolha o veículo certo para sua mensagem   95
Apresentações com slides nem sempre são a resposta

Aproveite o software de apresentações ao máximo   98
Eles não servem apenas para exibir slides

Determine a duração certa de sua apresentação   101
Mantenha o público envolvido planejando seu tempo

Seja persuasivo para além do palco   104
Comunique-se antes, durante e depois da sua apresentação

Compartilhe o palco   107
Mesclar especialistas e mídias mantém o interesse

Seção 5: SLIDES   109
Conceitue e simplifique a exibição de informações

Pense como um designer   111
Recursos visuais devem transmitir significado

Crie slides que as pessoas consigam entender em três segundos   113
Eles passam no teste da olhadela?

Escolha o tipo certo de slide   117
Marcadores não são a única ferramenta existente

Faça o *storyboard* de uma ideia por slide   122
Planeje antes de criar

Evite clichês visuais   125
Faça seus slides se destacarem

Organize os elementos dos slides com cuidado   126
Facilite a compreensão de seus recursos visuais

Esclareça os dados   132
Enfatize o que é importante, exclua o restante

Transforme palavras em diagramas   137
Use formas geométricas para mostrar relações entre os dados

Use a quantidade certa de slides — 143
Avalie sua situação antes de montar uma sequência de slides

Saiba quando usar animações — 145
... e quando isso é exagero

Seção 6: APRESENTAÇÃO — 147
Seja autêntico

Ensaie bem seu material — 149
Lide com o inesperado e envolva-se totalmente com o público

Conheça o local da apresentação e a programação — 152
Controle-os quando possível

Preveja problemas tecnológicos — 155
As chances de pane são altas

Administre seu medo do palco — 158
Exercícios para amenizar o nervosismo

Defina o tom certo de sua apresentação — 160
Você nunca tem uma segunda chance de causar a primeira impressão

Seja você mesmo — 162
A autenticidade conecta você às pessoas

Comunique-se através do seu corpo — 165
A expressão corporal é uma ferramenta poderosa

Comunique-se através da sua voz — 168
Crie contraste e ênfase

Faça suas histórias ganharem vida — 170
Reviva-as ao contá-las

Trabalhe de maneira eficiente com seu intérprete   172
*Preste atenção à química, ao ritmo e
à identificação cultural*

Obtenha o máximo da sessão de perguntas e respostas   176
Planeje, planeje, planeje

Construa confiança com uma plateia remota   180
Ultrapasse as barreiras tecnológicas

Mantenha os ouvintes remotos interessados   183
*Você está lutando pela atenção de pessoas em modo
multitarefa*

Mantenha o ritmo de sua apresentação remota   186
Dicas para minimizar contratempos

Seção 7: IMPACTO   189
    Avalie – e aumente – o impacto de sua
    apresentação sobre o público

Construa relacionamentos através das redes sociais   191
*Envolva-se com os usuários de modo que eles se
envolvam plena e corretamente com suas ideias*

Divulgue suas ideias através das redes sociais   196
Facilite o diálogo on-line

Avalie se você se conectou às pessoas   199
*Obtenha feedback em tempo real e após
sua apresentação*

Faça um acompanhamento depois de sua apresentação   203
*Ajude as pessoas a colocarem suas
ideias em prática*

O que você vai aprender

Você tem medo de falar em público? Sofre quando não consegue contribuir em reuniões ou sessões de brainstorming? Precisa lutar para organizar pensamentos e dados fragmentados numa mensagem coerente e persuasiva? Acha difícil estabelecer um vínculo com os clientes que aborda, os executivos que procura em busca de financiamento ou os funcionários que está treinando? Quando faz uma apresentação, fica tateando à procura das palavras certas, se perde na sequência de slides, esgota seu tempo antes mesmo de chegar aos pontos principais – e sai da sala sem saber se conseguiu transmitir a mensagem?

Este guia dará a você a confiança e as ferramentas necessárias para conquistar sua plateia, vender suas ideias e inspirar os outros a agir. Você vai aprender a:

- mostrar às pessoas por que suas ideias são importantes para *elas*;
- conquistar plateias resistentes;
- equilibrar o apelo analítico e o emocional;
- transmitir mensagens marcantes;
- criar recursos visuais eficazes;
- usar o tom correto;
- prender a atenção do público;
- medir o impacto de sua mensagem.

Introdução

Se vou falar por 10 minutos, preciso de uma semana de preparação; se forem 15 minutos, três dias; se for meia hora, dois dias; se for uma hora, estou pronto agora.

– Woodrow T. Wilson

Trabalhamos numa cultura de "primeira versão". Redija um e-mail. Envie. Escreva um texto para um blog. Publique. Prepare alguns slides. Fale.

Mas a excelência só é alcançada por meio da elaboração e da reelaboração – da repetição e do ensaio.

Por que se preocupar em ser um comunicador excelente quando você tem tantas coisas urgentes a fazer? Porque se comunicar bem ajudará você a *concluir essas coisas urgentes.*

Portanto, quando estiver elaborando sua mensagem, não economize na preparação, mesmo que você vá fazer uma palestra curta. Na verdade, é necessário um planejamento muito mais cuidadoso para refinar suas ideias a pontos essenciais e inesquecíveis do que para criar uma apresentação com uma hora de duração (veja a Figura I-1). E, depois de falar, obtenha o máximo de feedback para que você possa ser ainda mais eficiente quando reiniciar o processo.

FIGURA I-1

Planejando uma apresentação

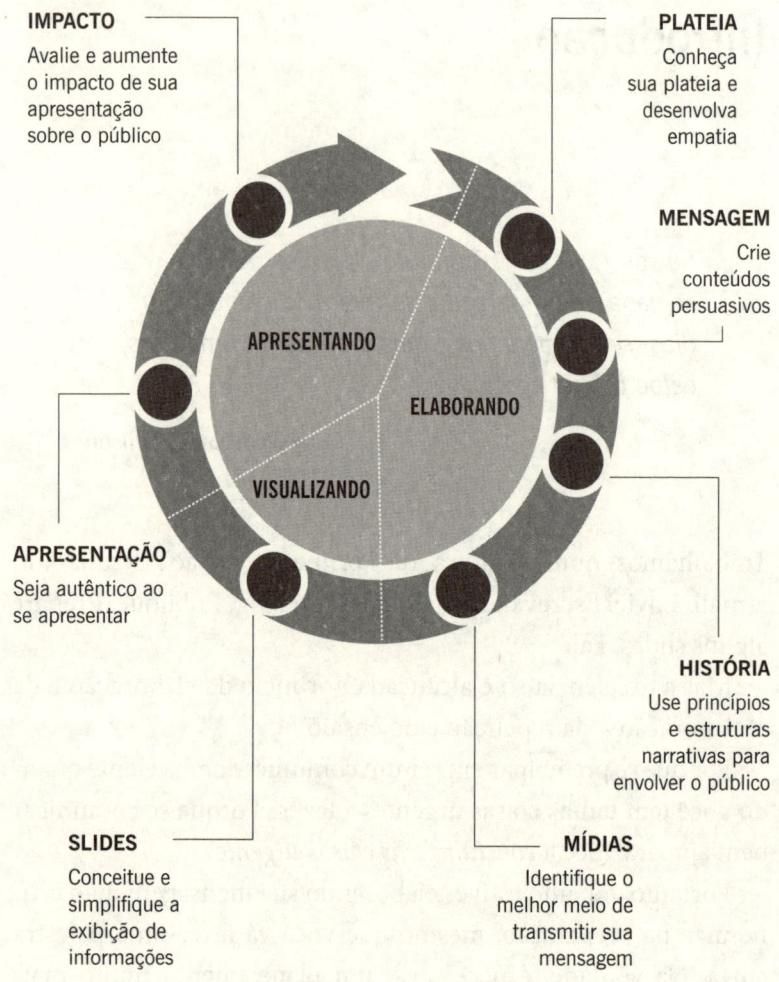

Desde 1990, administro uma empresa especializada em redigir e produzir apresentações – e em determinado momento eu mesma me tornei uma palestrante. Este livro reúne tudo o que aprendi durante o processo de apoio a outros oradores, além dos insights que obtive a partir de minhas próprias palestras.

Acredite: já tive minha cota de momentos constrangedores, muitos dos quais poderiam ter sido evitados com mais planejamento. Já exibi a apresentação errada no projetor. Já subi ao palco com a barra da saia presa na calcinha. Já arruinei uma palestra para executivos de uma empresa de 8 bilhões de dólares porque não tinha ensaiado o bastante – e assim acabei cortada de toda uma série de reuniões. A experiência é uma professora poderosa.

Também aprendi muito com meus sucessos. Quando o público percebe que você se preparou – que se importa com as necessidades de seus espectadores e valoriza o tempo deles –, sente-se estimulado a se conectar com você, a apoiá-lo. Você convence as pessoas a adotarem suas ideias e obtém os recursos necessários para executá-las. Fecha mais negócios. Consegue o respaldo dos responsáveis por tomar as decisões. Conquista influência. Em suma, você vai mais longe na sua empresa – e na sua carreira.

Seção 1
Plateia

Elaborar uma apresentação sem levar o público em consideração é como escrever uma carta de amor e endereçá-la "a quem interessar possa".

– **Ken Haemer**, gerente de pesquisas, AT&T

Compreenda o poder da plateia

Quando você entra numa sala como apresentador, é fácil sentir que está numa posição de poder: você está diante de todos, talvez num palco elevado, e as pessoas vieram para ouvi-lo falar. A verdade, porém, é que a estrela do espetáculo não é você. É a plateia.

Por quê? Porque as pessoas para quem você está falando são as responsáveis por determinar se sua ideia será disseminada ou morrerá, simplesmente abraçando-a ou rejeitando-a. Você precisa delas mais do que elas precisam de você. E como são elas que estão no controle, é essencial que você seja humilde em sua abordagem. Faça dos desejos e objetivos delas uma espécie de filtro para tudo o que você apresentar.

Palestrantes costumam ser autocentrados. Têm muito a dizer, querem expressá-lo da melhor maneira e dispõem de pouco tempo para se preparar. Esse tipo de pressão faz com que se esqueçam do que de fato é importante para a plateia. Um apresentador autocentrado pode se limitar a descrever uma nova iniciativa e explicar o que precisa ser feito – delineando como e quando fazê-lo e informando o orçamento necessário. Então, talvez, se os ouvintes tiverem sorte, no finzinho ele exibirá um slide explicando "por que tudo isso é importante". Essa situação costuma acontecer porque o palestrante está tão consumido pela missão que se esquece de dizer por que as pessoas desejariam ou deveriam se envolver naquilo.

Coloque-se no lugar da plateia por um instante. Explique às pessoas por que a proposta apresentada é importante para elas e para a empresa, quais são os fatores internos e externos que a justificam e por que o apoio de todos tornará essa iniciativa bem-sucedida. Sim, explique os detalhes, mas fale também sobre o papel valioso que essas pessoas desempenharão no cenário em vez de apenas ditar uma lista de tarefas.

Apesar de as apresentações e as plateias variarem, existe um fato essencial a todas: os ouvintes estão ali para descobrir o que você pode fazer por eles, não o que eles devem fazer por você. Portanto, veja a plateia como o "herói" de sua ideia – e a si mesmo como o mentor que leva as pessoas a se enxergarem nesse papel, de modo que decidam apoiar sua ideia e ajudá-lo a concretizá-la.

Pense no Yoda, exemplo clássico de um mentor sábio e humilde. Nos filmes da série *Star Wars*, ele oferece ao herói, Luke Skywalker, um presente especial (uma compreensão mais profunda da "Força"), o treina para que aprenda a usar uma ferramenta mágica (o sabre de luz) e o ajuda na luta contra o Império.

Assim como Yoda e outros mentores reais ou ficcionais, os apresentadores devem:

- **oferecer um presente especial ao herói:** Mostre às pessoas que você tem ideias para melhorar a vida delas. Por exemplo, apresente aos gerentes de sua empresa uma forma nova e empolgante de competir no mercado. Ou prove para uma sala repleta de clientes em potencial que pode ajudá-los a economizar tempo e dinheiro.

- **ensinar o herói a usar uma ferramenta "mágica":** É aqui que você entrega às pessoas da plateia uma nova habilidade ou mentalidade – algo que as capacite a atingir os objetivos delas *e* os seus.

- **ajudar o herói a sair da estagnação:** Num cenário ideal, a ideia ou solução apresentada por você será capaz de retirar a plateia de uma situação difícil.

Portanto, se você está se preparando, por exemplo, para lançar um novo serviço de atendimento ao cliente, dê à sua equipe um mapa preciso (ferramenta) e a garantia de que haverá consultores para treinamento e apoio (presente) – e descreva como, dessa forma, todos serão capazes de superar o desafio que está por vir.

Segmente a plateia

Se você enxergar sua plateia como um grupo homogêneo e sem rosto, certamente terá dificuldade para estabelecer algum tipo de conexão e ver seus argumentos serem aceitos. Em vez disso, pense no público como vários indivíduos à espera de uma conversa com você.

De modo geral, seu público incluirá um amálgama de pessoas – indivíduos em papéis diversos, com níveis variados de autoridade para tomada de decisões, pertencentes a diferentes setores da empresa –, e cada uma delas precisará ouvir sua mensagem por motivos diferentes. Ao desenvolver sua apresentação, determine qual subgrupo é o mais importante e mire nas necessidades dele.

Ao segmentar a plateia, preste atenção no seguinte:

- **Política:** Poder, influência, processo de tomada de decisões.
- **Demografia:** Idade, nível de instrução, etnia, gênero, geografia.
- **Psicodemografia:** Personalidade, valores, posturas, interesses, comunidades, estilo de vida.
- **Firmografia:** Número de funcionários, volume de faturamento, setor, número de filiais, localização da sede.
- **Etnografia:** Necessidades sociais e culturais.

Depois de segmentar o grupo, descubra quais membros exercerão maior influência na adoção da sua ideia. Existe um nível de gestor que você precisa atrair? Há algum tipo de cliente com muito poder de barganha no ramo?

Em seguida, veja-se como um curador de conteúdo para as partes interessadas. Selecione as mais influentes e escreva sua apresentação de certa forma direcionando-a a esse subgrupo. No entanto, tenha cuidado, pois a apresentação não pode ser tão especializada a ponto de alienar os demais presentes – você precisará criar um conteúdo que interesse à maioria. Ainda assim, personalize a maior parte das especificidades para o subgrupo que definiu como alvo.

Digamos que você esteja apresentando um novo conceito de produto ao corpo executivo e saiba que não vai obter aprovação a menos que Trent, o presidente da divisão de empreendedorismo, se empolgue com a ideia, pois ele sempre guia o grupo no que diz respeito a novas iniciativas. Primeiro, recorra à natureza empreendedora de Trent, descrevendo como o novo mercado é empolgante – sem ignorar os fatores que importam para os outros líderes. Veja na Tabela 1-1 como seu trabalho de segmentação será útil.

Enquanto prepara a palestra, use o que sabe sobre os membros da equipe. Além de estimular o empreendedorismo de Trent, tenha dados à mão para responder a Marco, diretor de tecnologia analítico avesso a riscos, quando ele apresentar obstáculos. E tente trabalhar com, não contra, a arrogância do diretor de marketing: peça o conselho dele sobre um ou dois itens essenciais de marketing antes de o grupo se reunir, assim ele ficará menos propenso a atacar você durante a apresentação ou a ficar sentado em silêncio, planejando um golpe, como de costume.

E se alguns membros da plateia já estiverem familiarizados com sua ideia e outros não? (É provável que isso ocorra se você

TABELA 1-1

Segmentando sua plateia

Membro do corpo executivo	Qualidades
Bert, presidente	Hierárquico, microgerenciador, dominante, movido pelo medo, necessita de aprovação
Carol, presidente da divisão de consumo	Visionária, criativa, contestadora, dispersa, deseja ter mais autonomia
Trent, presidente da divisão de empreendedorismo	Empreendedor, adepto do *design thinking*, sistemático, encontrou seu verdadeiro eu após uma experiência de quase morte
Martin, diretor de marketing	O favorito do presidente, mentalidade empírica, arrogante, sabota projetos
Marco, diretor de tecnologia	Diplomático, avesso a riscos, analítico, introvertido, inseguro

estiver fazendo uma apresentação dentro da própria empresa.) Considere equilibrar o cenário oferecendo um curso dinâmico aos novatos antes de conduzir a apresentação principal. Ou você pode simplesmente optar por realizar duas apresentações.

Apresente-se com clareza e concisão aos executivos

O corpo executivo de uma empresa é um segmento difícil de se atingir. Esses profissionais costumam ter muito pouco tempo disponível. Embora isso seja comum a muitas plateias, o que difere os executivos é que eles têm que tomar decisões importantíssimas baseadas em informações precisas fornecidas rapidamente. Apresentações longas e com aquela revelação grandiosa no final não funcionam para eles. Executivos esperam que você chegue à conclusão logo no início – e na maioria das vezes você nem sequer vai conseguir concluir sua exposição sem ser interrompido.

Ao realizar uma apresentação para uma plateia de executivos, você pode tornar a tomada de decisões deles mais fácil e mais eficiente das seguintes formas:

- **Seja objetivo.** Use menos tempo do que o que lhe foi concedido. Se lhe derem 30 minutos, comece a elaborar sua palestra dentro desse limite, mas depois faça de conta que houve uma redução de cinco minutos. Isso obrigará você a ser sucinto e a iniciar com o que de fato eles consideram importante – descobertas cruciais, conclusões, recomendações, seu estímulo à ação. Defina esses pontos com clareza e objetividade antes de se aventurar em sustentar dados ou áreas tangenciais que considere importantes.

- **Dê a eles exatamente o que pedem.** Não fuja do assunto. Se você foi convidado a fornecer informações recentes sobre a inundação na fábrica na Indonésia, faça isso antes de cobrir qualquer outro aspecto. Se o escolheram para falar, foi porque alguém o considerou capaz de inserir a peça faltante no contexto, portanto responda rapidamente às solicitações específicas.

- **Defina expectativas.** No começo, informe à plateia que os primeiros cinco minutos dos 30 totais serão usados na apresentação de um resumo e o tempo restante na discussão. A maioria dos executivos será paciente nesses cinco minutos iniciais e permitirá que você apresente adequadamente seus pontos principais, pois sabem que poderão fazer suas perguntas muito em breve.

- **Crie slides de resumo.** Logo no início, apresente uma visão geral breve e esclarecedora dos pontos-chave em slides contendo um resumo; deixe que os slides restantes sirvam apenas como um complemento. Siga a regra geral dos 10%: se a apresentação tiver 50 slides, dedique cerca de cinco deles ao resumo inicial. Depois de apresentar o resumo, permita que o grupo conduza a conversa. Os executivos vão querer se aprofundar nos itens que podem auxiliá-los na tomada de decisões.

- **Ensaie.** Antes da apresentação, mostre os slides a alguém bem-sucedido na disseminação de ideias no meio executivo que possa fazer o papel de um mentor sincero. Sua mensagem está sendo transmitida de modo claro e conciso? Os slides de resumo dão conta dos pontos essenciais e podem ser compreendidos rapidamente? Você está deixando de fora algum aspecto que sua plateia esteja esperando?

Parece muito trabalhoso, não é? E é mesmo. Mas fazer uma apresentação para um corpo executivo é uma grande honra e pode abrir muitas portas. Se você tiver sucesso, pessoas influentes vão se tornar fortes defensoras de suas ideias.

Conheça sua plateia

Segmentar sua plateia em termos sociais, políticos, demográficos, etc. é um ótimo começo, mas estabelecer uma conexão com as pessoas significa compreendê-las em um nível mais pessoal. Para desenvolver um conteúdo que repercuta na plateia, busque entender o que motiva esse conjunto de indivíduos. Pergunte-se:

- **Como são essas pessoas?** Reflita sobre como deve ser um dia na vida delas. Descreva-o de modo que elas sintam que você as "entende".
- **Por que estão aqui?** O que as pessoas imaginam que vão obter de sua apresentação? Participam voluntariamente ou compareceram por obrigação? Destaque o que elas podem ganhar com sua palestra.
- **O que lhes tira o sono?** Todos têm um medo, um ponto de dor, um aperto no peito. Deixe claro para as pessoas que você nutre empatia por elas – e que sua intenção é ajudá-las.
- **Como você pode resolver os problemas delas?** De que maneira pode melhorar a vida delas? Destaque benefícios que você sabe serem significativos para elas.
- **O que você quer que elas façam?** Qual é o papel delas no seu plano? Assegure-se de apresentar ações claras para seu

público. (Leia o Capítulo Elabore um convite à ação eficiente, na Seção 2.)

- **O que faria a plateia resistir?** O que impede a plateia de adotar sua mensagem e colocá-la em prática? Elimine todos os obstáculos possíveis.
- **Qual é a melhor maneira de atingir as pessoas?** Como preferem receber informações? Elas gostam que a sala esteja arrumada de determinada maneira? Desejam materiais para ler antes da apresentação? Depois? Que tipo de atmosfera ou mídia vai auxiliá-las a adotar seu ponto de vista? Dê a elas o que desejam, da maneira que desejam.

Ao se preparar para fazer uma apresentação a uma plateia de desconhecidos, faça pesquisas. Se você já sabe o nome das partes interessadas, pesquise as biografias delas. Se só sabe generalidades sobre o público, encontre o evento nas redes sociais e descubra o que as pessoas que pretendem comparecer estão comentando. Se for se apresentar para uma empresa, encontre informações sobre ela na imprensa, examine como se posiciona em relação à concorrência, leia seu relatório anual e configure o Google Alerts para enviar ao seu e-mail todas as reportagens recentes sobre a empresa.

Certa vez, eu estava me preparando para fazer uma apresentação para executivos da indústria cervejeira, só que eu não gosto de cerveja e não sei nada sobre o ramo. Então organizei um evento de degustação de cervejas na minha loja, li o relatório anual da empresa, procurei reportagens, estudei seus principais influenciadores e busquei o perfil de cada um dos participantes na internet. Durante a sessão de perguntas e respostas, ao ser abordada por um dos executivos mais importantes (que eu já sabia ser importante porque tinha pesquisado), fui capaz de responder à pergunta dele com exemplos oportunos.

Se você já está familiarizado com a plateia – digamos, um grupo de seus subordinados diretos ou de colegas –, reflita sobre as pressões que recaem neles e descubra formas de estabelecer uma conexão empática.

Conhecer as pessoas – conhecê-las *de verdade* – torna muito mais fácil influenciá-las. Você se envolve numa conversa, compartilha insights, conta histórias. Geralmente, tanto você quanto elas mudam um pouco no processo.

As pessoas não costumam pegar no sono durante conversas, mas o fazem com frequência durante apresentações, e isso só acontece porque muitas apresentações não parecem um bate-papo. Conhecer bem a plateia o ajuda a se sentir mais próximo dos presentes e a adotar um tom mais coloquial. Fale às pessoas com franqueza e elas vão não apenas dar ouvidos à sua mensagem, mas também torcer e contribuir para o sucesso da sua ideia.

Defina como você convencerá a plateia

Quando você faz uma apresentação, está pedindo aos presentes que modifiquem – sutilmente ou de forma considerável – seu comportamento ou suas crenças. Antes de começar a redigir a apresentação, mapeie a transformação almejada: de que modo sua plateia entra na sala e de que modo você quer que ela saia. Esse é o passo mais crítico no planejamento da palestra, pois o ponto final desejado é o grande motivador de sua fala, e as pessoas não vão chegar lá sem a sua ajuda.

Pergunte-se: "Quais novas crenças eu quero que elas adotem? Que tipo de mudança desejo ver em seu comportamento? De que forma elas devem modificar a postura ou as emoções para assim alterar o comportamento?"

Ao refletir sobre quem são aquelas pessoas antes de sua apresentação e quem você quer que elas sejam ao final, você definirá o arco de transformação delas, da mesma forma que um roteirista planeja a transformação do protagonista ao longo de um filme.

Digamos que você trabalhe no escritório de desenvolvimento de carreiras de uma universidade e esteja realizando uma apresentação para potenciais doadores. A transformação da plateia pode se assemelhar à apresentada na Tabela 1-2.

TABELA 1-2

Transformando a plateia

De:	Para:
Ceticismo quanto ao bom uso do dinheiro por parte da instituição.	Empolgação quanto às pesquisas inovadoras realizadas por professores, alunos e ex-alunos – e um impulso para doar.

Mudanças raramente acontecem sem esforço. É difícil convencer as pessoas a abandonarem uma visão confortável ou largamente aceita como verdadeira, ou modificar um padrão comportamental que tenha se estabelecido como norma. Você estará persuadindo sua plateia a abrir mão de crenças ou hábitos e a adotar outros novos. Uma vez que compreenda a transformação das pessoas, será capaz de demonstrar empatia pelos sacrifícios que elas talvez necessitem fazer para levar sua ideia adiante.

Identifique pontos em comum

Se você vai evocar entusiasmo frenético, olhares confusos ou tédio apático, isso dependerá amplamente de como sua mensagem irá repercutir na plateia.

A repercussão (ou ressonância) é um fenômeno da física. Se você estimular a taxa de vibração natural de um objeto, ou *frequência de ressonância*, ele vai reagir: pode vibrar, estremecer ou até emitir uma nota musical harmoniosa – pense no diapasão. O mesmo se dá, metaforicamente, em uma apresentação. Se você atingir a frequência de ressonância das pessoas da plateia, vai ser capaz de tocá-las e incitá-las à ação.

Mas como gerar uma repercussão profunda o suficiente para atraí-las para seu objetivo? Descubra os pontos em comum entre vocês e comunique-se nessa frequência. Pense no que existe nelas que também existe em você. Dessa maneira, você não estará forçando a barra; elas vão reagir porque você atingiu uma crença já existente nelas.

Tudo isso pode soar altamente não científico e emotivo, mas, para encontrar a frequência de ressonância de sua plateia, basta pesquisar um pouco. Veja a seguir os tópicos que você deve examinar:

- **Experiências semelhantes:** Que coisas podem ter em comum no passado de vocês? Compartilham lembranças, acontecimentos, interesses?

- **Objetivos em comum:** Para onde vocês estão indo? Quais são os resultados que tanto você quanto a plateia desejam?

- **Qualificações:** Por que você é qualificado para ser o orientador da plateia? O que aprendeu ao enfrentar desafios semelhantes e como sua plateia se beneficiará dessa lição?

A quantidade de pontos em comum que você vai descobrir dependerá apenas da profundidade do seu relacionamento com o grupo.

Muitos pontos em comum
Caso você esteja se apresentando para familiares, amigos, membros do seu clube ou grupo religioso, é fácil encontrar pontos em comum, porque conhece bem as pessoas e elas certamente compartilham com você muitas experiências, interesses e valores.

Quantidade moderada de pontos em comum
Com colegas, o desafio é um pouco maior. Você os conhece, mas não tanto quanto a amigos próximos ou parentes. Vocês compartilham interesses, mas não são muitos. Examine esses pontos de interseção como um meio de entrada.

Digamos que você seja um cientista que trabalha em uma empresa de biotecnologia e que tenha sido convidado para falar numa reunião geral. Grande parte da plateia será formada por cientistas, mas você também estará se dirigindo a executivos e a funcionários administrativos. Para encontrar um ponto em comum com eles, pense no que o levou a entrar nessa empresa e o que o motiva a fazer seu trabalho. Talvez você queira aplicar suas habilidades em pesquisa e na solução de problemas para ajudar as pessoas a ficarem saudáveis – uma missão que certamente será compartilhada, ou ao menos apoiada, pelos presentes. Encontrar tais pontos em comum ajuda a criar uma conexão com a plateia.

Poucos pontos em comum
Com uma plateia grande – por exemplo, participantes de um seminário de diversas empresas e indústrias –, você precisará ter em mente tipos diversificados. A interseção não será evidente de imediato, pois há muitas perspectivas e antecedentes a se considerar. É necessário certo esforço para encontrar ou criar pontos em comum, mas ele será recompensador.

Por exemplo, antes de viajar à China para a divulgação de um livro, pesquisei a comunicação e os modelos de narrativa na cultura chinesa antiga e moderna. Identifiquei três comunicadores importantes na história chinesa e analisei seus discursos. Quando compartilhei minha análise com a plateia, ficou claro que eu compreendia o contexto histórico que abrangia o discurso – fui capaz até mesmo de oferecer respostas detalhadas às perguntas dos participantes. Naquela viagem, obtive feedback de inúmeras pessoas, que perceberam a importância que concedi ao estudo e à compreensão da perspectiva delas.

Seção 2
Mensagem

As ideias nascem interessantes ou são tornadas interessantes?

– **Chip e Dan Heath**, autores de *Switch:*
How to Change Things When Change is Hard

Defina sua grande ideia

Sua grande ideia é a mensagem crucial que você deve transmitir. É ela que impele a plateia à mudança de rumo. (Os roteiristas a chamam de "ideia central".) Ela possui dois componentes:

- **Seu ponto de vista:** A grande ideia precisa expressar a *sua* perspectiva de um assunto, não uma generalização como "finanças do quarto trimestre fiscal". Do contrário, por que fazer a apresentação? Bastaria enviar um e-mail às partes interessadas e pronto.

- **O que está em jogo:** Você também quer transmitir a razão pela qual a plateia deveria dar atenção à sua perspectiva. Isso ajuda as pessoas a reconhecerem a necessidade de agir em vez de manter o status quo.

Expresse sua grande ideia numa frase completa. Ela precisa de um sujeito (em geral, "vocês", para destacar o papel essencial da plateia) e de um verbo (para comunicar uma ação e incitar emoção).

Diante da pergunta "Sobre o que é sua apresentação?", a maioria das pessoas costuma responder com uma frase genérica do tipo "Atualizações de software". Essa não é uma grande ideia; é apenas um tópico – não há aí nenhum ponto de vista, nada em jogo. Mude-a para "Seu departamento precisa atualizar o software de gerenciamento de fluxo de trabalho" e estará mais perto do ideal. Você já acrescentou seu ponto de vista, mas ainda precisa deixar claro o que está em jogo. Sendo assim, experimente isto: "Seu departamento terá dificuldade para cumprir prazos cruciais de produção enquanto não atualizar o software de gerenciamento de fluxo de trabalho."

Outro exemplo: se você diz que sua apresentação é sobre "os pântanos da Flórida", isto também é apenas um tópico. Acrescente seu ponto de vista e o que está em jogo: "Precisamos restringir o desenvolvimento comercial e residencial nos pântanos da Flórida, pois estamos destruindo o frágil ecossistema local e matando espécies ameaçadas de extinção."

As pessoas tendem a se afastar da dor e se aproximar do prazer. Portanto, cutuque-as com palavras (como "dificuldade", no primeiro exemplo; e "destruindo" e "matando", no segundo) para que elas se sintam desconfortáveis na posição atual. Faça com que se interessem por sua ideia com estímulo e recompensas (a promessa de cumprir prazos; a proteção de espécies ameaçadas).

Crie conteúdo para fundamentar a grande ideia

Agora que você já articulou sua grande ideia, está na hora de criar o conteúdo, mas não abra ainda o software de apresentações. Os softwares forçam um pensamento linear – um slide depois do outro –, de modo que não são a melhor ferramenta para o brainstorming.

Em vez disso, saia de seu ambiente habitual. Vá para outra sala, pare de ver o e-mail e o celular, coloque música, se quiser. Utilize ferramentas palpáveis, como papel, quadro branco e post-its.

Crie o máximo de ideias possível das seguintes maneiras:

- **Reunindo conteúdos existentes:** Você não precisa começar do zero. Explore outras apresentações, estudos sobre o ramo, reportagens, relatórios, pesquisas – o que quer que seja relevante para sua grande ideia.
- **Desenvolvendo a partir de conteúdos existentes:** Dê continuidade às ideias do conteúdo que você reuniu. Desafie-as ou analise-as de um novo ângulo. Estabeleça novas conexões.

- **Criando conteúdo:** Seja curioso, assuma riscos e se deixe guiar por sua intuição. Faça experimentos e divague.

Para que o brainstorming seja bem-sucedido, você precisa suspender o julgamento e permanecer receptivo a ideias aparentemente desconexas – elas podem levar a algo grandioso. Aumente sua produção criativa alternando momentos de brainstorming sozinho e em grupo.

Fazendo brainstorming sozinho
É intimidador lidar com uma folha de papel em branco ou com um quadro vazio, mas você precisa começar por algum lugar. Escreva uma palavra-chave e crie a partir dela. Deixe sua mente divagar. Em seguida, vá desenhando linhas para formar as conexões. Mantenha o brainstorming até obter uma rede confusa de conceitos e relações para explorar. Isso se chama *mapeamento mental* (veja a Figura 2-1). Você pode usar um software específico para essa tarefa, mas papel ou post-its também funcionam.

Fazendo brainstorming em grupo
Quando você trabalha em conjunto, obtém mais ideias para escolher e lapidar – e a ideia de alguém pode atiçar outras ainda mais criativas. Seja extremamente gentil com as pessoas corajosas para expor ideias cruas ou constrangedoras. Considere valiosas todas as sugestões. Nomeie alguém para facilitar e registrar as ideias, de modo que a discussão transcorra num ritmo adequado (caso ela desacelere, os participantes vão começar a questionar e a se censurar). Ou peça aos presentes que anotem suas sugestões em post-its e os colem numa parede. Os post-its são a ferramenta perfeita para o trabalho de brainstorming. São pequenos, convenientes e portáteis – ótimos para reunir e organizar o material.

Limitem-se a uma ideia por post-it, assim fica mais fácil selecionar e agrupar os pensamentos.

Fazendo brainstorming sozinho de novo
Pegue as sementinhas das ideias que surgiram na sessão dinâmica de grupo e faça uma nova rodada silenciosa de brainstorming, dessa vez sozinho. Isso dará àquelas ideias latentes uma chance de se desenvolverem.

FIGURA 2-1

Mapa mental

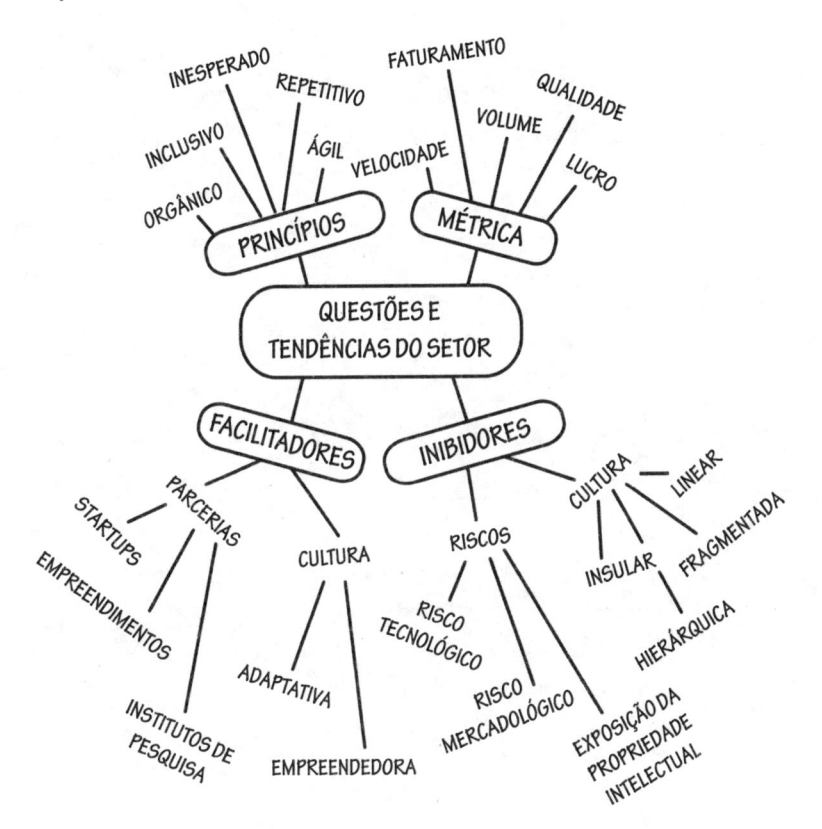

```
         INESPERADO      FATURAMENTO
                REPETITIVO         QUALIDADE
    INCLUSIVO       ÁGIL    VOLUME
        ORGÂNICO       VELOCIDADE      LUCRO
              PRINCÍPIOS       MÉTRICA

                  QUESTÕES E
               TENDÊNCIAS DO SETOR

              FACILITADORES    INIBIDORES
                                      CULTURA   LINEAR
         STARTUPS  PARCERIAS                        FRAGMENTADA
                                  RISCOS   INSULAR
    EMPREENDIMENTOS    CULTURA
                                    RISCO           HIERÁRQUICA
                                  TECNOLÓGICO
              ADAPTATIVA
        INSTITUTOS DE               RISCO      EXPOSIÇÃO DA
         PESQUISA                 MERCADOLÓGICO  PROPRIEDADE
                     EMPREENDEDORA              INTELECTUAL
```

Busque quantidade, não qualidade. Estude cinco, 10 ou 20 ideias até encontrar as que se destacam. Esse não é o momento de fazer cortes. Mesmo que uma ideia já tenha sido expressada ou adotada, acrescente-a à combinação. Pode ser que posteriormente você encontre um jeito único de incorporá-la.

Antecipe a resistência

Como palestrante, você está pedindo às pessoas que modifiquem crenças ou comportamentos. Elas não vão achar isso agradável ou fácil de fazer; portanto, toda plateia será resistente de algum modo. As pessoas defenderão as próprias perspectivas com afinco a fim de evitar adotar as suas. Enquanto estiverem escutando você, vão catalogar tudo o que ouvirem. Elas entraram na sala carregando os próprios conhecimentos e parcialidades, então vão avaliar constantemente se o que você diz se adequa ou não à visão delas.

Portanto, reflita sobre por que e como elas talvez resistam, e planeje reagir de acordo. Eis os tipos mais comuns de resistência e como se preparar para eles:

- **Resistência lógica:** Existem argumentos lógicos contra o seu ponto de vista? Pesquise reportagens, publicações em blogs e relatórios que desafiem sua posição, para se familiarizar com linhas alternativas. Esse tipo de pesquisa prepara você para perguntas e comentários céticos que surgirem – e ajuda a desenvolver uma compreensão mais profunda do assunto em questão, bem como uma perspectiva dotada de nuances.

- **Resistência emocional:** As pessoas a quem você está se dirigindo se agarram fielmente a algum viés, dogma ou código moral; sua ideia os viola de algum modo? Atingir nervos expostos vai espantar a plateia. Portanto, prossiga com cautela. Por exemplo, se você está lançando uma nova vacina contra HPV para crianças numa conferência médica, enfatize também a importância da educação sexual.

- **Resistência prática:** É física ou geograficamente difícil para a plateia fazer o que você propõe? Serão necessários mais recursos financeiros do que os disponíveis? Seja sensível caso esteja pedindo a funcionários que tenham paciência enquanto você congela temporariamente os salários para enfrentar uma recessão, por exemplo, ou dando à equipe um prazo que, para ser cumprido, exigirá a renúncia de muitas noites e fins de semana. Reconheça os sacrifícios das pessoas – e mostre que você mesmo está carregando parte do fardo. Diga que seu salário também será congelado. Ou explique que estará disponível em período integral, ao lado da equipe, até que o grande projeto esteja concluído – e que todos serão compensados posteriormente.

Prepare-se para esses tipos de resistência e assim terá muito mais chance de convencer a plateia. Você pode abordar possíveis preocupações antes que estas se tornem bloqueios mentais – por exemplo, admitindo no início da palestra que você também estava cético até examinar os dados com mais atenção, ou enfrentando os críticos particularmente resistentes antes da apresentação para fazer uma "pré-venda" das suas ideias. Ao deixar claro que pensou nos pontos de vistas opostos, você mostra que tem uma mente aberta – e convida os ouvintes a reagirem da mesma forma.

Se você está com dificuldade de enxergar pontos de vista opostos, compartilhe sua grande ideia e peça às pessoas que banquem o advogado do diabo. Talvez você esteja tão profundamente conectado à sua perspectiva que não consiga prever as formas de resistência, até mesmo as mais simples e óbvias. Use seu chefe como ouvinte enquanto se prepara para falar ao comitê executivo, por exemplo. Ou peça a uma parte interessada que lhe dê um choque de realidade antes de você realizar a apresentação a outros gerentes no grupo dela.

Amplifique sua mensagem através de contrastes

As pessoas são naturalmente atraídas para os contrastes e opostos porque a vida é repleta deles: dia e noite; macho e fêmea; amor e ódio.

Um comunicador habilidoso captura o interesse da plateia criando tensão entre elementos contrastantes – e em seguida proporciona alívio solucionando a tensão. É assim que você constrói uma ponte entre a visão dos outros e a sua.

Tente fazer um brainstorming em torno de polos opostos, como os que são apresentados na Tabela 2-1.

TABELA 2-1

Opostos dinâmicos

Passado/presente	Futuro
Necessidade	Satisfação
Velocidade	Resistência
Ambição	Humildade
Estagnação	Crescimento
Bloqueios	Desimpedimentos
Sacrifício	Recompensa
Orçamento	Qualidade

Vamos supor que você gerencie o setor de manutenção de uma companhia aérea e que esteja solicitando recursos para investir em ferramentas analíticas. A Tabela 2-2 mostra pares de opostos que você poderá explorar à medida que descobrir como defender sua causa.

Ao abraçar a tensão entre os extremos, você pode impulsionar sua mensagem – e o movimento parecerá natural.

O fator familiaridade vai dar conforto às pessoas; o fator novidade vai estimulá-las e mantê-las interessadas. Gere bastante conteúdo em ambos os lados do contraste ou você perderá o ímpeto – e a plateia.

TABELA 2-2
Utilizando a tensão de extremos

Queixas dos clientes	Satisfação dos clientes
Estamos mal avaliados entre os clientes devido a atrasos nos voos e a conexões perdidas em função de questões simples de manutenção.	E se pudéssemos agendar melhor a manutenção das aeronaves explorando nossos dados de reparo de forma mais eficiente?
Atualmente, seguimos a programação de manutenção recomendada pelo fabricante – e não é o suficiente. As aeronaves acabam retidas no pátio enquanto os mecânicos realizam reparos de rotina.	Ao rastrear e estudar a frequência com que realizamos efetivamente certos tipos de reparos, podemos criar um cronograma mais realista. Seremos capazes de prevenir os problemas em vez de solucioná-los quando surgirem.

Elabore um convite à ação eficiente

Apresentações e palestras levam as pessoas a agir, mas somente se você declarar explicitamente quais ações devem ser tomadas e quando – se está pedindo a elas que sejam realizadoras, fornecedoras, influenciadoras ou inovadoras (veja a Tabela 2-3).

Para chegar a essa lista de quatro características possíveis da plateia, li centenas de discursos e palestras e fiz uma classificação de seus convites à ação. Seja a plateia corporativa, política, científica ou acadêmica, os espectadores sempre estarão em uma dessas categorias.

Deixe claro o que vocês precisam realizar juntos e decomponha essa ideia em tarefas e prazos que pareçam administráveis. Vejamos um exemplo no qual o convite à ação é "inovar" – um objetivo difícil de atingir. Vamos supor que você tenha um produto que está ficando obsoleto e precisa ser reinventado. Depois de dizer que a empresa está aberta a ideias de todos os departamentos, você pode dividir as tarefas assim:

- Identifique nos departamentos os geradores de ideias.
- Providencie para que os engenheiros promovam uma sessão de brainstorming com profissionais de vários departamentos ao longo da semana.

TABELA 2-3

O que a plateia pode fazer por você

	Realizadores	Fornecedores	Influenciadores	Inovadores
O que eles fazem por você:	Instigam atividades.	Arrecadam recursos.	Mudam percepções.	Geram ideias.
Como eles fazem isso:	Realizadores são as abelhas operárias. Depois que sabem o que precisa ser feito, eles mergulham nas tarefas. Também recrutam e motivam os outros a concluírem atividades importantes.	Fornecedores são as pessoas dotadas de recursos – financeiros, humanos ou materiais. Eles possuem os meios de obter o que você precisa para seguir adiante.	Influenciadores podem convencer indivíduos ou grupos, grandes ou pequenos, mobilizando-os para que adotem e disseminem sua ideia.	Inovadores pensam fora dos padrões, visando novas maneiras de agregar valor e de difundir sua ideia. Eles criam estratégias, perspectivas e produtos.

- Nomeie um membro da equipe apenas para tomar notas.
- Filtre as ideias na reunião de engenharia na semana seguinte.

Você pode pedir às pessoas que ajam de uma única forma ou sugerir algumas ações dentre as quais possam escolher. De qualquer modo, seja explícito na sua solicitação – e sobre como ela beneficiará a plateia.

Escolha suas melhores ideias

Até agora, nos concentramos em maneiras de gerar conteúdo e ideias para apresentações. Na verdade, essa é a parte fácil. É muito mais difícil lapidar tudo de modo que apenas as mensagens eficazes permaneçam. Mas a qualidade das suas apresentações depende tanto do que você decide excluir quanto do que decide manter ou incluir.

Muitas de suas ideias podem ser fascinantes e inteligentes, mas não há como encaixar todas na apresentação – e ninguém vai querer ouvir todas, de qualquer modo. Conecte, analise, organize e filtre as ideias para utilizar somente aquelas que proporcionarão os melhores resultados.

Os designers chamam essa parte do processo de *pensamento convergente* e se referem ao seu oposto, a geração de ideias, como *pensamento divergente* (veja a Figura 2-2). Conforme explica Tim Brown, presidente da IDEO, empresa de design e inovação: "Na fase divergente, surgem novas opções. Na fase convergente, é justamente o contrário. Agora é o momento de eliminar opções e fazer escolhas."

Seu filtro primário deve ser sua grande ideia. (Leia o Capítulo Defina sua grande ideia, na Seção 2.) Tudo que for mantido na palestra deverá respaldá-la.

FIGURA 2-2

Filtre suas melhores ideias

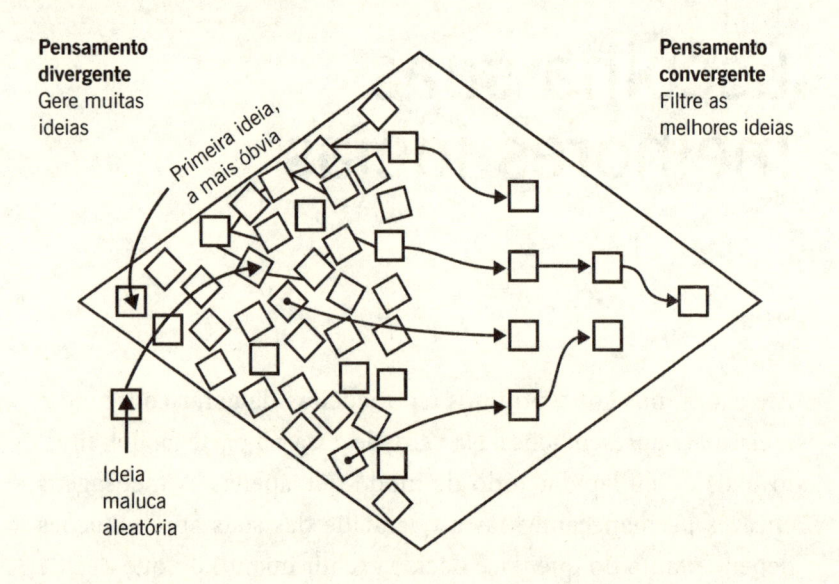

Pensamento divergente
Gere muitas ideias

Primeira ideia, a mais óbvia

Ideia maluca aleatória

Pensamento convergente
Filtre as melhores ideias

Se você não filtrar o conteúdo de sua apresentação, a plateia vai ter que fazer isso – e as pessoas costumam ficar ressentidas quando são obrigadas a trabalhar demais para identificar os aspectos mais importantes de uma mensagem. Faça cortes impiedosos para o bem delas.

Digamos que você esteja apresentando o case de aquisição de uma empresa. Pode fazer um brainstorming de pontos a abordar, incluindo:

- competências que sua companhia obteria;
- retorno estimado do investimento;
- lições aprendidas com a última aquisição;
- os perigos que o departamento de pesquisa e desenvolvimento pode assinalar;

- convocação de consultores para facilitar o entrosamento;
- mudança no prazo de recebíveis;
- necessidade de renovar a fábrica.

Todas as ideias citadas se encaixam na grande ideia, exceto a mudança nos recebíveis. Embora esse seja um item importante, é uma distração desnecessária. Guarde o tema para outra ocasião.

Mesmo que você se limite a selecionar e filtrar as ideias que gerou, está tecnicamente pronto para fazer a apresentação. Pode grudar seus post-its na parte interna de uma pasta e usar como "cola" enquanto fala, como eu fiz no lançamento do meu livro *Ressonância*. Eu só precisei olhar para baixo de vez em quando.

Ou você pode começar a inserir suas ideias no software de apresentação à sua escolha.

Organize seus pensamentos

Pelo fato de recorrermos com frequência a ferramentas visuais como o PowerPoint para nossas apresentações, acabamos expressando visualmente nossas ideias – isso antes que tenhamos passado tempo suficiente organizando nossos pensamentos e elaborando nossa fala. Ao registrar as ideias dos post-its no software, insira cada tópico que você pretende abordar como um título redigido no modo de exibição "Slides" ou "Tópicos" (se não estiver aparecendo, clique na aba Exibição, depois em Normal, no canto superior esquerdo), em vez de partir diretamente para criar cada slide completo (Figura 2-3). Isso permite que você leia os títulos em sequência, sem as distrações de detalhes de apoio ou gráficos, assegurando que sua apresentação flua do começo ao fim.

Faça a si mesmo o seguinte questionamento: "Se as pessoas lerem apenas os títulos, elas entenderão o que estou dizendo?" Não se trata apenas de uma pergunta retórica. Você vai realmente querer saber a resposta, pois as pessoas na plateia muitas vezes não vão ler nada além do título dos slides durante a apresentação. Eles passarão os olhos, da mesma forma que fazem com as manchetes de jornais, e decidirão rapidamente se querem saber mais a respeito do que leram. Portanto, transmita uma mensagem

FIGURA 2-3

Transmita uma mensagem clara em cada título

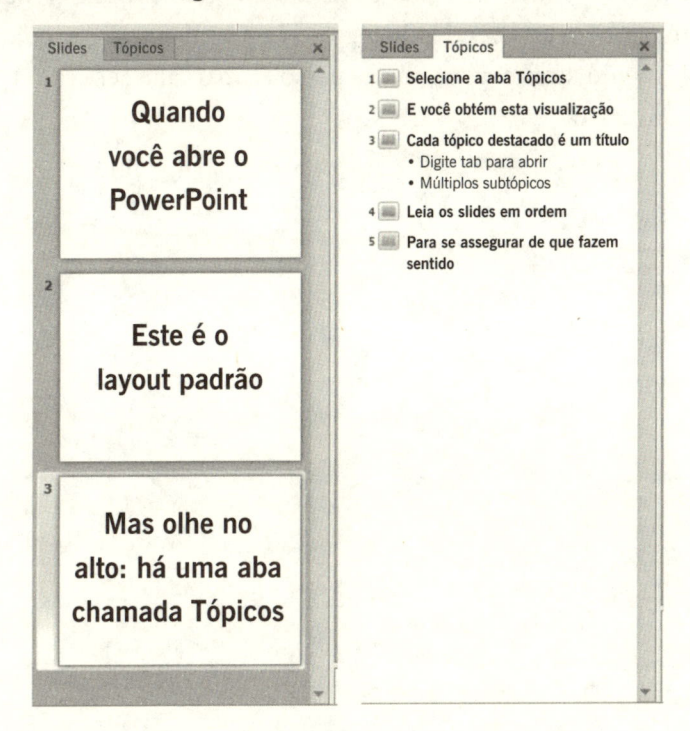

Slides	Tópicos
1	Quando você abre o PowerPoint
2	Este é o layout padrão
3	Mas olhe no alto: há uma aba chamada Tópicos

Slides	**Tópicos**
1	Selecione a aba Tópicos
2	E você obtém esta visualização
3	Cada tópico destacado é um título • Digite tab para abrir • Múltiplos subtópicos
4	Leia os slides em ordem
5	Para se assegurar de que fazem sentido

clara em cada título, organize-os numa ordem que faça sentido para seus ouvintes e insira personalidade em cada item. Inclua verbos para demonstrar ação.

Compare os exemplos mostrados na Tabela 2-4.

TABELA 2-4

Transmita um significado claro com os títulos

Vago, passivo	Claro, ativo
Visão geral do mercado	Estamos numa disputa acirrada com um rival agressivo.
Ganhos de produtividade	O tempo de produção encolheu de 21 para 8 dias.

Reflita sobre seus títulos como redatores de marketing fazem com as campanhas publicitárias para obter mais cliques e vendas. Você também está vendendo algo – sua grande ideia –, e quanto mais rápido atrair a atenção das pessoas, mais alta será sua "taxa de conversão".

Equilibre o apelo analítico e o emocional

Agora que você esboçou sua mensagem, pense no modo como vai conquistar o coração e a mente das pessoas.

Se você não chegar ao equilíbrio ideal entre o conteúdo analítico e o emocional em sua apresentação, correrá o risco de dispersar a plateia e reduzir sua credibilidade. Mas como encontrar o ponto certo? Suas deixas estarão no assunto e na plateia.

Determinados assuntos – como demissões e lançamentos de produtos – se prestam naturalmente ao apelo emocional. Outros – como ciência, engenharia e finanças – convidam a uma abordagem mais analítica.

Pondere o assunto de acordo com o grupo para o qual vai falar. Vamos supor que você esteja defendendo um corte de pessoal para um grupo de gerentes que em breve vai precisar decidir quais subordinados diretos devem ser demitidos. Se você se concentrar na redução de custos, sem mencionar as pessoas que perderão o emprego, será visto como frio e desumano. Uma abordagem baseada em números provavelmente vai ter melhor desempenho entre um grupo de executivos encarregados de melhorar os lucros – mas até eles esperarão que você reconheça a dificuldade de se dispensar pessoal.

Nenhuma apresentação deve ser isenta de conteúdo emocional, e aí não importa quão cerebrais sejam o assunto ou a plateia. Em um ambiente empresarial, pode parecer mais confortável simplesmente "expor os fatos", mas examine seus slides e veja se é possível acrescentar uma camada emocional a algum conteúdo que soe puramente analítico (veja a Figura 2-4).

Existem duas categorias básicas de emoção: dor e prazer. Determine como você gostaria que as pessoas se sentissem em cada um dos momentos da sua apresentação. Em que ponto gostaria que se sentissem felizes? Que paralisassem diante do suspense? Que ficassem inspiradas?

Instigue questionamentos para trazer à tona o apelo emocional da sua grande ideia. Por exemplo: se você está solicitando financiamento para armazenar dados na nuvem, comece perguntando: "Por que precisamos adquirir armazenagem na nuvem?" Sua resposta pode ser: "Para facilitar o compartilhamento de dados com colegas em locações remotas." E então pergunte: "Por que precisamos facilitar o compartilhamento de

FIGURA 2-4

Encontre o equilíbrio

Analítico	Emocional
Características	Benefícios ilustrados através de histórias (pessoais, verídicas, fictícias)
Dados/evidências	
Documentos	
Argumentos lógicos	Metáforas e analogias que confiram significância aos dados
Provas	
Exemplos	Perguntas instigantes
Estudos de casos	Revelação lenta (crie suspense)

dados com colegas em locações remotas?" Em algum momento, você vai atingir o coração das pessoas que serão afetadas por sua ideia, e então vai descobrir seu apelo emocional: talvez você precise de armazenamento na nuvem "para ajudar os colegas distantes a coordenarem esforços para socorrer locais de desastres e salvar vidas".

Uma vez descoberto o gancho, recorra a palavras ou frases dotadas de peso emocional – como "salvar vidas" no exemplo da nuvem. Conte histórias pessoais com convicção e descreva não somente o que as pessoas fizeram, mas como se sentiram. (Leia o Capítulo Acrescente uma camada emocional, na Seção 3.)

Abandone o jargão

Alguma vez você ouviu um apresentador que parecia superinteligente e no final não fazia a menor ideia do que ele *realmente* tinha dito?

Cada área possui um vocabulário próprio, repleto de palavras familiares aos especialistas daquele campo porém estranhas a todos os outros. Até mesmo departamentos diferentes dentro da mesma empresa usam linguagem específica e siglas misteriosas. E quanto mais as empresas e os indivíduos inovam dentro de suas áreas de especialização, mais complexos ficam os vocabulários.

A menos que você esteja se apresentando para especialistas do mesmo ramo, não presuma que todos entenderão o jargão. Modifique a linguagem para que ela seja compreendida pelas pessoas de cujo apoio e cuja influência você necessita. Se elas não conseguirem acompanhar suas ideias, não vão adotá-las.

Além disso, fazer apresentações obscuras pode prejudicar sua carreira. Como diz Carmine Gallo, coach de comunicação: "Falar sem ser compreendido pode lhe custar um emprego ou impedir sua evolução, que, de outro modo, seria proporcional à sua capacidade."

Portanto, abandone o jargão. Se um termo especializado for mesmo crucial para sua mensagem, traduza-o. Sua avó entenderia o que você está falando? Trabalhe sua mensagem até que ela fique clara.

FIGURA 2-5

Abandone o jargão

Antes: Desenvolvido a partir de uma perspectiva científica	Depois: Pensado para um público leigo
Atualmente sou o pesquisador-chefe responsável por desenvolver uma tecnologia de mineração de salmoura induzida microbiologicamente, na qual bactérias são empregadas para acumular minerais selecionados da salmoura da dessalinização, produzindo um sedimento passível de mineração, que pode reduzir indiretamente o custo da água dessalinizada e o impacto ambiental do processo de dessalinização. Os primeiros experimentos demonstraram como certas culturas bacterianas são capazes de minerar metais selecionados da salmoura. Agora, espero provar a viabilidade econômica do processo por meio de estudos qualitativos e quantitativos dos metais produzidos. Tecnologias de mineração tradicionais químicas e mecânicas são restritivas devido a limitações tecnológicas e econômicas. Processos biológicos, contudo, apresentam uma alternativa eficiente e ambientalmente benigna, que deve ser vista no contexto de um futuro em que sistemas ecológicos urbanos estejam em harmonia com os ciclos ecológicos do nosso planeta.	A dessalinização é um processo que remove o sal da água, para que ela possa ser usada para consumo e irrigação. Remover o sal da água – especialmente da água do mar – através de osmose reversa exige energia para produzir água limpa. Esse processo também gera uma solução de água salgada tóxica, ou salmoura, que geralmente é jogada de volta no mar e é prejudicial à ecologia do corpo d'água que a recebe. É aí que entra minha colaboração com as bactérias. Introduzir bactérias na salmoura remove metais como cálcio, potássio e magnésio da salmoura da dessalinização. Somente o valor do magnésio no volume de salmoura potencialmente necessário para Cingapura representa 4,5 bilhões de dólares – reduzindo indiretamente o custo da água dessalinizada produzida, ao mesmo tempo que reduz o impacto ambiental do processo. Imagine uma indústria mineradora de um modo inédito. Imagine uma indústria mineradora que não polua. Imagine bactérias ajudando-nos a criar essa indústria, à medida que acumulam e sedimentam minerais da salmoura da dessalinização. Em outras palavras, imagine uma indústria mineradora em harmonia com a natureza.

No exemplo da página anterior (Figura 2-5), o apresentador falava a uma plateia de 800 potenciais financiadores de sua ideia, mas que eram desprovidas de conhecimento profundo sobre a ciência por trás dela. A primeira coluna mostra o que ele disse durante o ensaio; a segunda, o que ele disse na apresentação, depois de receber feedback e trabalhar na palestra até a mensagem ficar clara para uma plateia leiga inteligente.

Crie frases de efeito

Agora suas palavras estão claras – mas elas são memoráveis? As pessoas vão se sentir estimuladas a compartilhá-las por aí?

Frases memoráveis são capturadas e repetidas – seja no papo de corredor, em postagens de blogs ou nas redes sociais. As mais brilhantes vão parar nas primeiras páginas dos jornais. Portanto, insira frases de efeito bem elaboradas em todas as palestras.

Steve Jobs fez disso uma arte. Ele utilizava recursos retóricos para que suas mensagens fossem compreendidas e absorvidas tanto pelas plateias quanto pela imprensa. Eis alguns recursos que ele usava com grande efeito:

Repetição rítmica: Uma expressão repetida no começo, no meio ou no final de uma frase.

Em 2010, Jobs precisou fazer uma coletiva de imprensa de emergência sobre o funcionamento da antena no iPhone 4. Quando o telefone era segurado numa posição específica, a ligação caía. Conforme destaca Dan Zarrella, da HubSpot, Jobs repetiu várias vezes durante sua apresentação a frase: "Queremos deixar todos os nossos usuários felizes." Na metade da apresentação, Jobs exibiu um slide que mostrava que o problema com a antena afetava apenas uma fração dos usuários. Logo depois, uma mensagem apareceu na parte inferior do slide: "Nós nos importamos com *cada* um dos usuários." Alguns slides depois: "Amamos nossos usuários." Então "amamos nossos usuários" apareceu outra vez no slide seguinte. E no subsequente. E mais uma vez. "Nós amamos nossos usuários, nós os amamos", concluiu Jobs. "Estamos fazendo isso [fornecendo uma capa gratuita que resolverá o problema] porque amamos nossos usuários." O "amor" foi a mensagem que ficou para a imprensa nesse case de "comunicação de crise".

Comparação concreta: Analogia ou metáfora.

Em sua palestra principal sobre o iPhone na MacWorld de 2007, Jobs comparou a adoção dos processadores Intel pela Apple a um "gigantesco *transplante de coração*".

Slogan: Uma declaração concisa e fácil de ser lembrada.

No lançamento do iPhone, Jobs disse a frase "Reinvenção do telefone" várias vezes – e o slogan estava em praticamente todos os parágrafos do release que a Apple enviara à imprensa antes da apresentação. A expressão "Reinvenção do telefone" acabou sendo a manchete da revista *PCWorld* no dia seguinte.

Assim como Jobs, dedique tempo a criar frases de efeito reproduzíveis. Mas não as expresse com muito alarde. Faça com que pareçam espontâneas, de modo que as pessoas *tenham vontade* de repeti-las por aí.

Seção 3
História

Histórias são a moeda do contato humano.

— **Robert McKee**, autor de *Story – substância, estrutura, estilo e os princípios do roteiro*

Aplique princípios narrativos

Histórias têm o poder de conquistar clientes, unir colegas e motivar funcionários. Elas são a plataforma mais poderosa para interferir na imaginação das pessoas. Aqueles que dominam essa arte podem exercer grande influência e construir um legado duradouro.

Se você usar histórias em sua apresentação, a plateia vai se recordar do que ouviu e até difundir a mensagem. Da mesma forma que a trama de uma peça, um filme ou um romance interessante torna o tema tratado mais vívido e memorável, histórias bem elaboradas podem atribuir à sua mensagem um verdadeiro poder de fixação, por duas razões principais:

- **Histórias apresentam transformações.** As pessoas costumam torcer pelo protagonista à medida que ele vai superando obstáculos e sofre algum tipo de mudança importante (talvez uma nova visão de mundo o auxilie a concluir uma jornada complicada). É duplamente eficaz incorporar histórias que demonstrem como as pessoas adotaram os comportamentos e crenças que você está propondo – isto é, exemplificar o caso de alguém que esteja passando por uma transformação semelhante àquela pela qual sua plateia também vai passar. Isso ajudará as pessoas a migrarem dos universos cotidianos delas para o mundo das suas ideias – e retornarem transformadas, com os novos insights e ferramentas adquiridos em sua apresentação.

- **Histórias possuem uma estrutura clara.** Todas as histórias eficazes têm a estrutura básica em três partes que Aristóteles destacou séculos atrás: início, meio e fim. Essa estrutura faz com que sejam facilmente apreendidas e recontadas – as plateias foram condicionadas ao longo dos séculos a receber informação dessa forma. Assegure-se de que sua apresentação – e qualquer história relatada dentro dela – tenha as três partes, com transições bem nítidas.

Nesta seção você aprenderá a utilizar princípios narrativos para estruturar sua apresentação e a incorporar histórias que tenham apelo emocional.

Crie uma estrutura sólida

Todas as boas apresentações – assim como todas as boas histórias – comunicam e solucionam algum tipo de conflito ou desequilíbrio. A sensação de desarmonia é o que faz com que as plateias se importem o suficiente para se envolver.

Depois de compilar ideias de histórias de filmes e livros, de estudar centenas de palestras e de passar 22 anos elaborando apresentações personalizadas para empresas e líderes, descobri que os comunicadores mais persuasivos geram conflito ao sobrepor *o que é* a *o que poderia ser*. Ou seja, eles constroem algum tipo de tensão e proporcionam alívio ao alternar o status quo e uma solução – chegando finalmente à "nova felicidade" que as pessoas vão descobrir ao adotar as crenças e os comportamentos propostos. Essa solução de conflitos se desenrola dentro da estrutura básica de início-meio-fim que todos conhecemos e adoramos (Figura 3-1).

As dicas desta seção ajudarão você a costurar conflitos e soluções ao longo de sua apresentação.

FIGURA 3-1

Padrão persuasivo de narrativa

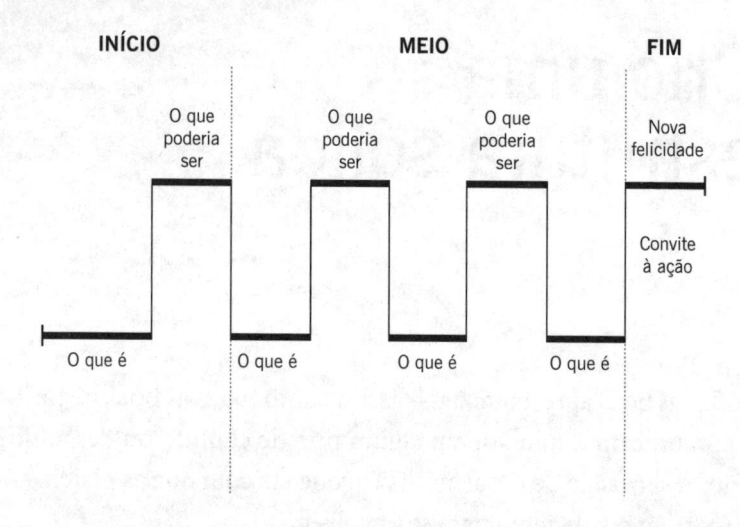

| INÍCIO | MEIO | FIM |

- O que é / O que poderia ser (repetido)
- Nova felicidade
- Convite à ação

Elabore o início

Comece descrevendo a vida como a plateia a conhece. As pessoas provavelmente vão se identificar, chegando até a assentir com a cabeça, pois você está articulando algo que elas compreendem. Isso constrói um vínculo entre você e elas e cria uma abertura para que ouçam suas ideias e se disponham a mudar.

Depois de definir basicamente *o que é*, apresente suas ideias sobre *o que poderia ser*. A lacuna entre os dois vai desestabilizar um pouco a plateia, e isso é bom, pois cria uma tensão que precisa ser solucionada (Figura 3-2).

FIGURA 3-2
Crie tensão dramática

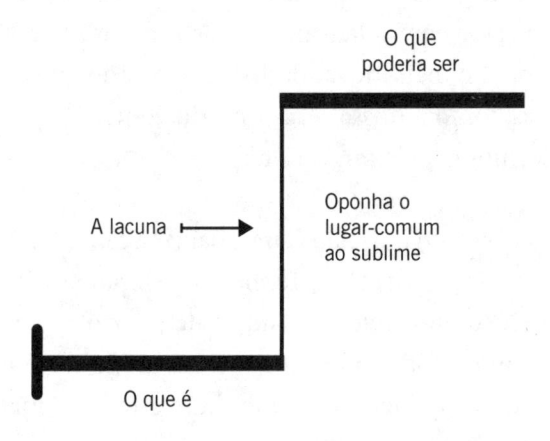

Se você propusesse "o que poderia ser" antes de estabelecer "o que é", não seria capaz de criar seu vínculo com a plateia antes de apresentar suas ideias, e assim a mensagem perderia o impacto.

Só que a lacuna não deve parecer forçada – você não diria: "Muito bem, já descrevi o que é. Agora vamos partir para o que poderia ser." Apresente-a com naturalidade, de modo que as pessoas se sintam estimuladas, não manipuladas. Por exemplo:

O que é: Ficamos aquém de nossos objetivos financeiros para o terceiro trimestre, em parte porque tivemos uma redução de pessoal e todos estão sobrecarregados.

O que poderia ser: E se pudéssemos resolver nossos piores problemas conquistando alguns clientes influentes? Bem, podemos fazer isso.

Eis mais um exemplo:

O que é: Analistas têm posicionado nossos produtos entre os três primeiros num grupo de cinco. Um concorrente acaba de abalar o setor com o lançamento de um novo produto, aclamado como o mais inovador. Estão prevendo que o futuro de empresas como a nossa será sombrio, a menos que licenciemos a tecnologia de nossa rival.

O que poderia ser: Mas não vamos baixar a cabeça! Na verdade, vamos manter a liderança. Tenho a satisfação de dizer a vocês que há cinco anos tivemos a ideia de criar o mesmo produto, mas um protótipo nos mostrou um modo de saltar aquela geração de tecnologia. Portanto, hoje estamos lançando um produto tão revolucionário que garantirá uma liderança de 10 anos no nosso setor.

Uma vez estabelecida a lacuna entre "o que é" e "o que poderia ser", use o restante da apresentação para preenchê-la.

Desenvolva o meio

Em muitos aspectos, o meio é o trecho mais interessante de sua apresentação, pois engloba a maior parte da "ação".

Agora as pessoas na plateia percebem que o mundo delas está fora do eixo – você chamou atenção para esse fato e, no mínimo, sugeriu uma solução no início da apresentação. Nesse momento, deve continuar a enfatizar o contraste entre "o que é" e "o que poderia ser", alternando um e outro, e assim a plateia começará a considerar o primeiro pouco atraente e o último bastante sedutor.

Voltemos àquele exemplo da atualização financeira do terceiro trimestre do capítulo anterior. O faturamento está baixo, mas você quer motivar seus funcionários a compensar isso. A Tabela 3-1 mostra uma forma de abordar o meio de sua apresentação.

Mais cedo, você fez um brainstorming em torno de pares de opostos. (Leia o Capítulo Amplifique sua mensagem através de contrastes, na Seção 2.) Agora experimente usar um desses pares – por exemplo, sacrifício *versus* recompensa – a fim de criar material para dar forma à estrutura narrativa.

TABELA 3-1

Criando "ação" no meio da sua história

O que é	O que poderia ser
Tivemos um déficit de 15% em nossa previsão para o terceiro trimestre.	Os números para o quarto trimestre devem ser fortes o suficiente para gerar bônus.
Temos seis novos clientes em nossa carteira.	Dois deles têm potencial para gerar mais faturamento do que nossos melhores clientes atualmente.
Os novos clientes exigirão uma ampla renovação de ferramentas na fábrica.	Traremos especialistas da Alemanha para ajudar nisso.

Torne o final impactante

Seu final deve deixar as pessoas com uma percepção ampliada do que poderia ser – e com disposição para acreditar ou para fazer algo novo. É aqui que você descreve como o mundo delas ficará melhor ao adotarem suas ideias.

Voltemos ao nosso exemplo do terceiro trimestre mencionado nos dois capítulos anteriores. Você pode encerrar sua apresentação nos moldes da Figura 3-3.

Muitas apresentações são finalizadas apenas com uma lista de ações, expostas em tópicos, mas isso não é muito inspirador.

FIGURA 3-3

Tornando o final impactante

Convite à ação	Nova felicidade
Será necessário empenho extra de todos os departamentos para atingir os números do quarto trimestre, mas vamos fornecer produtos aos nossos novos clientes importantes dentro do prazo e sem erros.	Sei que todos estão esgotados, mas aguentem firme. Esta é a oportunidade de nos unirmos como um time num campeonato, e, se alcançarmos o objetivo, as coisas ficarão mais fáceis. Sabem qual será a recompensa se atingirmos nossas metas para o quarto trimestre? Bônus, além de dias de folga no final do ano.

Você quer que suas últimas palavras sejam capazes de mobilizar sua plateia a arregaçar as mangas. Quer que as pessoas se sintam prontas para corrigir os erros e solucionar o problema.

Ao definir habilmente as recompensas futuras, você estará estimulando as pessoas a abraçarem suas ideias. Mostre a elas que o esforço da tomada de atitude valerá a pena. Destaque o seguinte:

- **Benefícios para elas:** Quais necessidades suas ideias atenderão? Quais liberdades as pessoas conquistarão? Como suas ideias concederão mais influência ou mais status a elas?
- **Benefícios para a "esfera" delas:** Como suas ideias ajudarão os colegas, subordinados diretos, clientes, alunos ou amigos das pessoas na plateia?
- **Benefícios para o mundo:** Como suas ideias ajudarão as massas? Como elas melhorarão a saúde pública, por exemplo, ou ajudarão o meio ambiente?

No exemplo anterior, destacamos um benefício crucial para a empresa (compensar o faturamento deficitário do terceiro trimestre) e mais três benefícios para os funcionários (bônus, folgas e – provavelmente, o mais importante – uma carga de trabalho mais equilibrada).

Acrescente uma camada emocional

Agora recue um passo e revise todo o conteúdo preparado até então. Você tem a mistura certa de análise e emoção? (Leia o Capítulo Equilibre o apelo analítico e o emocional, na Seção 2). Se precisa de mais impacto emocional, pode acrescentá-lo com histórias.

Uma mensagem se torna importante para as pessoas no momento em que as atinge profundamente. Uma reação visceral, não a análise pura e simples, é o que vai afastar a plateia do status quo e aproximá-la da sua perspectiva. As histórias despertam esse tipo de reação. Quando as ouvimos, nossas pupilas dilatam, nosso coração dispara, sentimos calafrios. Gargalhamos, aplaudimos, inclinamos o corpo para a frente ou para trás. Trata-se de reações majoritariamente involuntárias, pois são emocionais.

Enquanto estiver descrevendo "o que é", conte uma história que faça as pessoas ficarem arrepiadas, rirem do ridículo da situação em que se encontram ou se decepcionarem. Enquanto estiver descrevendo "o que poderia ser", conte uma história que provoque um pouco de assombro ou medo nelas – algo que as inspire a mudar.

A Tabela 3-2 apresenta um modelo (junto a um exemplo) que pode ajudar você a transformar informações de apoio numa história com impacto emocional.

TABELA 3-2

Construindo impacto emocional com dados

Objetivo que você deseja alcançar	Toda função que se repete em várias divisões poderia se beneficiar de um comitê orientador.	
HISTÓRIA SOBRE MUDANÇA ORGANIZACIONAL		
Início	Quem, onde, quando	Há alguns anos, a equipe de vendas enfrentou um problema interdivisional com a ajuda de um comitê orientador.
Meio	Contexto	À época, todos os grupos de vendas eram independentes.
	Conflito	Com isso, confundíamos nossos clientes com muitas regras, processos e formatos diferentes.
	Solução proposta	Portanto, decidimos criar um comitê orientador de vendas.
	Complicação	Vocês podem imaginar como foi difícil chegar a um consenso em relação a qualquer assunto proposto.
Fim	Solução real	Mas concordamos em nos reunir a cada duas semanas para encontrar um consenso. No decorrer do ano seguinte, padronizamos todos os processos e houve aprendizado mútuo. Os clientes ficaram muito mais satisfeitos com nossos serviços.

Fonte: Glenn Hughes, *SMART as Hell*.

Você pode pensar que as pessoas não vão para o trabalho para sentir; elas vão para realizar coisas. Mas, ao fazê-las sentir, você as motiva a agir – e as ajuda a realizar coisas. Não se trata de fazer um apelo efusivo, choroso. É uma questão de acrescentar uma camada emocional ao case lógico que você construiu com dados, exemplos e outras evidências.

Histórias pessoais contadas com convicção são as mais eficazes. Você pode até mencionar casos de terceiros, mas a plateia costuma sentir mais empatia por apresentadores que revelam desafios e vulnerabilidades pessoais.

Apresente histórias relevantes e com o nível adequado de dramaticidade; caso contrário, você poderá passar a imagem de manipulador ou alienado. Se estivesse apresentando dados atualizados numa pequena reunião de equipe de um projeto sob sua liderança, você não contaria uma história dramática sobre a "entrega pontual" dos vários fornecedores que estava coordenando no casamento da sua filha. Seria um desperdício do tempo dos ouvintes.

No entanto, um funcionário do governo dos Estados Unidos de fato contou uma história sobre o casamento da filha para convencer a instituição a adotar uma nova tecnologia de comunicação remota – e foi muito bem-sucedido. Muitos parentes dele não puderam viajar para o casamento, então ele usou uma versão comercial da tecnologia para enviar as fotografias do casamento aos familiares distantes, ajudando todos a se sentirem incluídos no evento. Ele argumentou que adotar a versão empresarial daquela tecnologia ofereceria o mesmo tipo de inclusão aos funcionários mais afastados do desenvolvimento de iniciativas importantes da agência. Os executivos seniores não somente compreenderam isso racionalmente, como também o sentiram. Eles associaram aquela história de um pai fazendo o máximo para servir sua família a sua agência fazendo o máximo para servir os clientes.

Comece a catalogar num caderno histórias pessoais e as emoções que elas evocam – ou passe-as para um arquivo de texto no computador. Esse exercício requer tempo, mas fornecerá material que poderá ser utilizado repetidas vezes. Faça sua primeira sessão de brainstorming de histórias quando tiver cerca de uma hora ininterrupta para refletir. Você pode usar a lista a seguir para estimular sua memória. À medida que for recordando os acontecimentos, anote como você se sentiu quando os vivenciou.

Inventário de histórias pessoais

- ☐ *Momentos importantes da sua vida:* Infância, adolescência, juventude, idade adulta.
- ☐ *Parentes:* Pais, avós, irmãos, filhos, sogros, cunhados.
- ☐ *Figuras de autoridade:* Professores, chefes, treinadores, mentores, líderes, figuras políticas, outros influenciadores.
- ☐ *Subordinados:* Funcionários, aprendizes, estagiários, residentes, voluntários, alunos.
- ☐ *Inimigos:* Concorrentes, *bullies*, pessoas com personalidade desafiadora, pessoas que magoaram você, pessoas que você magoou.
- ☐ *Outras pessoas:* Colegas, conhecidos das redes sociais, membros do clube, amigos, vizinhos.
- ☐ *Lugares importantes:* Escritórios, casas, escolas, templos religiosos, pontos de encontro, destinos de férias, outros países.
- ☐ *Coisas pelas quais você tem apreço:* Presentes, fotografias, diplomas/prêmios, objetos de valor sentimental.
- ☐ *Coisas que o machucaram ou prejudicaram sua saúde:* Objetos afiados, mordidas de animais, comida estragada, alérgenos.

Ao se dedicar a cada item dessa lista, você recordará muitas histórias das quais certamente havia se esquecido. Mas, mesmo depois de selecionar algumas para sua palestra, não jogue fora as anotações e continue a fazer acréscimos vez ou outra, sempre que tiver tempo. Elas vão ser úteis para apresentações futuras.

Use as metáforas para dar liga

Metáforas são um recurso literário poderoso. No discurso "Eu tenho um sonho", de Martin Luther King Jr., cerca de 20% do que o pastor disse era metafórico. Por exemplo, ele comparou a falta de liberdade a um cheque sem fundos que "os Estados Unidos repassaram ao povo negro... um cheque devolvido por 'saldo insuficiente'". King apresentou essa metáfora no terceiro minuto de seu discurso de 16 minutos, e foi a primeira vez que a plateia gritou e aplaudiu.

Apresentadores costumam recorrer a metáforas visuais desgastadas em vez de usar palavras impactantes para tocar corações. O discurso de King não teria sido nem de longe tão belo caso ele tivesse utilizado slides com fotos de cheques sem fundos e pilhas de ouro simbolizando a "liberdade e a proteção da justiça".

Para cada item de sua apresentação, tente imaginar uma metáfora que leve as pessoas a se conectarem mentalmente ao conceito. Você pode até mesmo tecê-la numa série de argumentos interligados durante a apresentação.

Ao desenvolver metáforas, fuja de temas batidos e evite aquelas fotos prontas de agências. Se quiser contar uma história de triunfo, explore algo pessoal em busca da metáfora certa:

descreva, por exemplo, a sensação de escalar até o topo de uma montanha, de correr sua primeira maratona ou de ganhar um prêmio na escola. Escolha metáforas que terão significado para a plateia.

Crie uma situação que todos adorarão recordar

Insira uma *Situação que Todos Adorarão Recordar* – um momento S.T.A.R. apoteótico – na apresentação para que sua grande ideia seja assimilada. Esse é o momento que vai virar assunto entre a plateia (ou que vai se transformar em tuítes) depois da palestra. Também pode ajudar sua mensagem a viralizar nas redes sociais e na cobertura da imprensa. Utilize-o para deixar as pessoas desconfortáveis com "o que é" ou para atraí-las até "o que poderia ser". Eis quatro maneiras de criar um momento S.T.A.R. capaz de cativar sua plateia e gerar repercussão.

Estatísticas impressionantes
Se as estatísticas forem impressionantes, não seja sucinto ao mencioná-las – pelo contrário, se detenha no assunto. Por exemplo, em sua apresentação na Consumer Electronics Show de 2010, Paul Otellini, presidente da Intel, recorreu a números surpreendentes para transmitir a velocidade e o impacto da tecnologia mais recente adotada na empresa. "Atualmente, temos o primeiro carregamento do ramo de um processador de 32 nanômetros. Um microprocessador de 32 nanômetros é 5 mil vezes mais rápido;

seus transistores são 100 mil vezes mais baratos do que o processador 4004, com o qual começamos. Com todo o respeito aos nossos colegas da indústria automobilística, se eles tivessem produzido o mesmo tipo de inovação, atualmente os carros chegariam a 750 mil quilômetros por hora. Além disso, rodariam 160 mil quilômetros com 4,5 litros de combustível e custariam 3 centavos."

Recursos visuais marcantes

As plateias se conectam a imagens emocionalmente impactantes. Ao pedir a doadores que ajudassem a arrecadar 1,7 milhão de dólares, a Conservation International contrastou imagens submarinas oníricas, cintilantes e surreais (acompanhadas de legendas como "90% do nosso oxigênio", destacando como somos dependentes do oceano) com fotos do lixo que chega às praias ("6 bilhões de quilos de lixo" são levados pelas correntes). Essa abordagem explorou o poder de imagens e estatísticas impressionantes – e as pessoas reagiram abrindo as carteiras.

Dramatização inesquecível

Dê vida à sua mensagem dramatizando-a. Em 2009, enquanto falava sobre a importância da erradicação da malária numa conferência TED, Bill Gates abriu um frasco cheio de mosquitos no auditório e disse: "Não há motivo para que somente pessoas pobres sejam infectadas." Isso chamou a atenção da plateia – e defendeu com eficácia o argumento de que o dinheiro investido na luta contra a doença não estava nem perto de ser o suficiente. Os mosquitos não eram portadores do protozoário da malária, obviamente, mas Bill Gates deixou as pessoas desconfortáveis por um ou dois minutos antes de afirmar que não havia perigo.

Veja mais um exemplo. Quando Mirran Raphaely, presidente da Dr. Hauschka Skin Care, fez uma apresentação para pessoas do setor de cosméticos, ela queria estabelecer um contraste intenso entre a agricultura industrial e as práticas biodinâmicas de cultivo. Então exibiu duas fotos, lado a lado – uma de um recipiente com produtos químicos e outra de uma erva chamada cavalinha –, e comparou a toxicidade das duas substâncias. Na agricultura industrial, os fazendeiros utilizam glifosato, um produto químico sintético que tem relação com o câncer em animais e humanos. Na agricultura biodinâmica, eles tratam as plantações com um extrato de cavalinha. Então, erguendo dois recipientes – um cheio do herbicida químico, o outro com extrato de cavalinha –, ela perguntou à plateia: "Qual destes dois vocês prefeririam ver nos produtos que consomem?" Depois que a plateia terminou de rir, ela tomou um gole da solução biodinâmica.

Relato emocionante

Às vezes, momentos S.T.A.R. são histórias pessoais envolventes. (Leia o Capítulo Acrescente uma camada emocional, nesta seção.)

Eis uma dessas histórias, contada por Rowan Trollope, presidente do grupo Symantec.cloud, em maio de 2012, para estimular a empresa a inovar:

> *Fui escalar uma montanha em Mount Laurel, no leste de Sierra Nevada, na Califórnia, com dois amigos. Não tenho muita experiência em montanhismo, e os dois eram ainda menos experientes do que eu. Estávamos escalando havia 19 horas. Já tínhamos subido 3.300 metros e estava escurecendo. Rapidamente.*
>
> *Precisávamos descer pela lateral da montanha... e precisávamos fazer isso depressa. Indo na frente, cheguei a uma plataforma na rocha e aí comecei a preparar nossa corda.*
>
> *Os alpinistas costumam carregar dois grampos, ou pitons, de emergência justamente para esse propósito. Eu nunca havia utilizado um antes, mas sabia como funcionava. Peguei meu martelo e comecei a cravar um grampo na rocha. Os livros dizem*

que o som do golpe do martelo muda quando o grampo está "fixo". Ouvi um tinido alto a cada martelada e concluí que estava "bom o suficiente".

Os livros também dizem para sempre usar dois grampos, então usei dois. Enquanto martelava o segundo, ouvi um tinido agudo e forte ao final, então amarrei os nós e preparei nossa corda. A essa altura, meus amigos já tinham chegado à plataforma, e assim comecei a nos amarrar aos ganchos.

Só que uma coisa me preocupava. Olhei para o nó entre os dois grampos e ele estava assim [ele mostra uma corda de escalada com dois grampos]. O problema de um nó como este é que, se um grampo se soltar, você cai. Na verdade, é preciso amarrá-lo assim [ele refez o nó].

Meus amigos já estavam afivelados e queriam prosseguir. Estava cada vez mais escuro. A maneira como eu tinha feito o nó me parecera boa o bastante, mas algo me dizia para parar. Então parei.

Todos nos desafivelamos e eu refiz o nó, aí voltamos a nos afivelar e descer a montanha.

No momento em que passei meu peso para a corda, o primeiro grampo pipocou da rocha e me atingiu em cheio no capacete. Se eu não tivesse desafivelado e refeito o nó, teria morrido naquele precipício. Minha vida inteira começou a passar pela minha cabeça. E então percebi o perigo do "bom o bastante".

Quando martelei o primeiro grampo, concluí que estava bom o bastante.

Quando amarrei o nó pela primeira vez, concluí que não estava, então o refiz.

Ainda tenho aquele grampo que se soltou da pedra. E o trouxe comigo hoje porque achei que vocês gostariam de vê-lo. O outro? O que salvou minha vida? Ainda está em uma fenda em Mount Laurel. Ainda faz seu trabalho.

Desde aquele dia, tudo tem um novo significado para mim. Refazer meus nós se tornou uma espécie de metáfora. Percebi que, em toda tarefa que eu realizava, todo projeto que eu tocava, as decisões eram sempre como mexer nos grampos. A cada movimento, eu estava decidindo se bom o suficiente era bom o bastante para mim.

Escolhi contar esta história hoje porque acho que, como empresa, estamos enfrentando uma escalada parecida. E tomamos decisões sobre grampos todos os dias. Para mim e para meus colegas de escalada, não havia nada além do precipício abaixo de nós. Quando vocês e eu olhamos para baixo, notamos o ramo de computadores mudando dramaticamente. Vemos coisas físicas sendo transferidas para a nuvem, e podemos concordar que a internet ainda não é um lugar seguro.

Infelizmente, será necessário mais do que um grampo para lidar com esses perigos. Mas creio que o primeiro passo seja recobrarmos em nossa empresa algumas das qualidades que nos fizeram grandiosos. E, para isso, creio que precisamos mudar o jeito como abordamos nosso trabalho.

Seção 4
Mídias

As pessoas que sabem do que estão falando não precisam de PowerPoint.

– Steve Jobs

Escolha o veículo certo para sua mensagem

Agora que você já pensou cuidadosamente nas necessidades de sua plateia e adequou sua mensagem e seu conteúdo a elas, está na hora de verificar como seus espectadores preferem processar as informações, para que assim você possa selecionar a melhor mídia para atingi-los. Só porque você tem algo a comunicar e um tempo para preencher, não significa que uma apresentação formal com slides seja a escolha certa. Algumas plateias – um grupo de analistas, por exemplo – podem considerar um memorando cuidadosamente redigido mais persuasivo. Outras, como jovens profissionais, talvez prefiram um vídeo.

É seu trabalho determinar a melhor maneira de se conectar com seu público. Apresentações não se limitam mais a um único momento ou lugar. Elas podem ser transmitidas, assistidas via streaming, baixadas na internet e distribuídas. Slides tampouco são obrigatórios. Você pode usar objetos relevantes, apostilas, tablets, vídeos, flipcharts (blocos de papel em cavalete) – praticamente qualquer coisa que auxilie na recepção de sua mensagem.

Antes de abrir seu software de apresentações, pense na plateia e no local da apresentação. Você falará a poucos membros de uma equipe num ambiente informal? Ou a uma grande plateia distribuída num auditório? A um grupo pequeno que estará conectado remotamente? O tamanho de sua plateia e o nível de interação que o ambiente permite vão determinar qual mídia você escolherá.

Veja na Figura 4-1 algumas ideias de como transmitir sua mensagem para uma ou várias pessoas, em um ambiente organizado para esse fim ou outro mais espontâneo.

Também existe uma questão de bom senso. Fazer uma apresentação formal de pé numa salinha de reuniões simplesmente não faz sentido caso você esteja falando para dois subordinados diretos – mas faz sentido se estiver falando para dois investidores importantes.

Muito embora os avanços tecnológicos tenham aberto novos caminhos para a comunicação, uma abordagem com menos uso de tecnologia pode ser sua melhor aposta. Se você aparece com um conjunto de slides, tudo soa definitivo. Mas se for rascunhando ideias enquanto as pessoas assistem e escutam, isso indica que seu pensamento está nos estágios de formação e que a plateia ainda pode colaborar.

Talvez a "apresentação" que você esteja desenvolvendo deva ser, na verdade, uma conversa cuidadosamente elaborada com um esquema desenhado num quadro branco. Quando minha empresa estava adquirindo um novo sistema de armazenamento digital, realizamos reuniões com dois vendedores em potencial: um deles trouxe um conjunto de slides e não desviou nem um minuto de seu discurso monótono. Já a outra, que nos conquistou como clientes, foi desenhando num quadro branco um plano completo de armazenamento e de rede. Essa representante transmitiu a impressão de ter ouvido nossas necessidades e compreendido o que queríamos. A apresentação dela pareceu colaborativa, não engessada.

FIGURA 4-1

Escolhendo seu estilo de apresentação

	Casual		Formal
		Encenado	
	Planejado cuidadosamente, porém transmitido informalmente	**Programado, encenado e ensaiado formalmente**	
	• Faça uma apresentação curta, depois abra espaço para debate	• Faça uma apresentação formal com recursos visuais trabalhados	
	• Conduza a conversa com esquemas desenhados no quadro branco	• Conduza um debate	
	• Conduza a videoconferência com documentos ou slides (teleconferência de divulgação de resultados)	• Conduza uma webconferência formal (com os microfones da plateia desligados)	
(1:1) Plateia pequena (1:poucos)			**(1:muitos) Plateia grande (poucos:muitos)**
	Facilitado pelo apresentador ou pela plateia	**Distribuído para a plateia acessar quando for conveniente**	
	• Distribua documentos ou slides impressos, depois abra espaço para debate	• Prepare um pacote ou streaming da apresentação *on-demand*	
	• Conduza uma webconferência com microfones da plateia ligados para estimular conversas	• Poste slides com narração em *off* ou uma apresentação pré-gravada	
	• Use um flipchart ou um quadro branco de forma espontânea	• Poste conteúdo através de curadoria (slides, vídeos, artigos, relatórios)	
		Espontâneo	
	Interativo		Engessado

Aproveite o software de apresentações ao máximo

Muita gente reclama dos softwares de apresentações. A imprensa demonizou o PowerPoint e muitas empresas clamaram para que ele fosse banido. A culpa não é do software. Ele é uma casca vazia, um recipiente para nossas ideias. Não é uma ferramenta de comunicação ruim, a menos que esteja nas mãos de um comunicador ruim.

Portanto, como utilizá-lo sem abusar dele – e da paciência de sua plateia? Saiba exatamente o que você quer realizar e conte com o software para auxiliá-lo na empreitada. Simples assim.

Você pode usar softwares de apresentações para criar documentos, compor anotações de teleprompter e visualizar ideias. Mas mantenha essas tarefas *separadas* para evitar as armadilhas mais comuns do PowerPoint. O truque é mostrar à plateia somente o que ela quer ver e na hora que ela quer ver.

Crie documentos

Softwares de apresentações são ótimos para condensar materiais complicados em documentos fáceis de ler. Na verdade, essa funcionalidade está embutida no programa – a configuração padrão é um modelo de documento, não de slide. Você pode compor e formatar seu texto, bem como mudar seções de lugar rapidamente – e o melhor de tudo é que, quando chegar a hora de gerar uma apresentação a partir desse documento, você não vai precisar copiar e colar do Word.

Dito isso, não *projete* seu documento completo quando for falar. Ninguém quer assistir a uma leitura entediante. Distribua seu documento antes ou depois da apresentação, dessa forma você não vai precisar projetar slides com textos imensos. Se esse conteúdo puder ser distribuído e entendido claramente sem a necessidade de um apresentador, você criou um documento, não uma apresentação – e não há problema nisso, desde que você o trate como tal. E talvez seja tudo de que necessita caso esteja fornecendo apenas uma atualização de status, por exemplo.

Se for distribuir um documento à plateia, tente dividir o conteúdo em seções claras, elaborando um sumário, acrescentando numerações nas páginas, convertendo fragmentos e orações em frases completas e salvando o arquivo em formato PDF. Nolan Haims, diretor de apresentações da Edelman, uma empresa internacional de relações públicas, prepara esses documentos no formato retrato em vez de paisagem, para que fique muito claro para a equipe que se trata de materiais em construção, não de auxílios visuais a serem projetados.

Faça anotações de teleprompter

E se você precisar fazer várias apresentações por mês, cada uma delas personalizada para uma plateia diferente? (Pense em apresentações de vendas adaptadas para clientes corporativos, por exemplo.) Em situações desse tipo, é impossível memorizar os dados todas as vezes – e você nem deve fazer isso.

Durante décadas, grandes oradores contaram com fichas de anotações, blocos pautados e até mesmo roteiros completos.

Você pode usar slides com o assunto listado em tópicos como material para o teleprompter – mas, repetindo, *não os projete*. Se o fizer, vai se deparar com os mesmos problemas de leitura (tédio e ineficiência) que encontra quando oferece documentos em forma de slide. Sheryl Sandberg, diretora de operações do Facebook, não projetou nenhum slide em sua eloquente apresentação da TEDWomen "Por que temos tão poucas [mulheres] líderes". Mas sempre que a câmera mudava para o ponto de vista que Sheryl tinha da plateia, era possível notar os slides com os assuntos listados em itens no monitor de apoio. Eram suas anotações de teleprompter, e ela era a única pessoa no auditório que as via.

Se você está usando o PowerPoint para compor suas anotações de teleprompter, redija-as no modo de exibição "Anotações", e depois, na aba Apresentação de Slides, clique em "Configurar Apresentação de Slides". Depois de conectar seu projetor, selecione "Mostrar Modo de Exibição do Apresentador". Todas as suas anotações se restringirão à tela de seu laptop ou ao seu monitor de apoio, e somente os slides serão projetados ao público. E não se esqueça de levar versões impressas de suas notas de teleprompter, para o caso de haver algum problema técnico.

Visualize ideias
Você deve projetar apenas imagens, gráficos e frases que ajudem a transmitir sua ideia – e a mantê-la na memória da plateia durante um bom tempo após sua apresentação. Elimine de seus slides tudo o que esteja ali só para lembrar suas falas; mantenha somente os elementos que ajudarão o público a entender e a reter o que está sendo dito. Desenvolver um visual claro, que acrescente emoção, ênfase ou nuances à sua apresentação, não é uma tarefa fácil – mas quando você o faz de maneira eficaz, suas ideias ganham força. (Veja na Seção 5 dicas detalhadas sobre como criar recursos visuais poderosos.)

Determine a duração certa de sua apresentação

Sabe o que as melhores apresentações têm em comum? Elas são curtas. Não é nenhuma novidade que as pessoas valorizam o próprio tempo.

Muitos apresentadores, porém, não se dão conta de que precisam gastar o próprio tempo para economizar o tempo da plateia. É mais fácil tagarelar por uma hora do que montar uma apresentação concisa e sucinta. Parte da mágica do TED é o limite de 18 minutos. Uma palestra ótima transcorre rapidamente. Se for ruim, as pessoas serão capazes de tolerá-la se durar apenas 18 minutos.

Sua plateia não vai fazer cara feia se você terminar um pouco antes, mas certamente vai ficar irritada se terminar depois do horário determinado. Por respeito a ela e à programação do dia, considere sagrado o tempo que lhe foi designado para se apresentar. E tenha em mente que as pessoas toleram apresentações de 30 a 40 minutos (elas estão condicionadas por programas de TV com intervalos comerciais). Passe desse limite e elas começarão a se remexer em suas cadeiras.

Eis cinco maneiras de enxugar a palestra e manter a plateia interessada:

1. **Planeje conteúdo para 60% do tempo que tem para falar.** Se lhe deram uma hora inteira de palestra, não fale por mais do que 40 minutos. Isso vai deixar tempo para perguntas e respostas, um debate ou alguma outra forma de discussão. É difícil manter a atenção das pessoas por mais de 40 minutos, a menos que você tenha incluído palestrantes convidados, vídeos, exercícios interativos ou outros elementos interessantes.

2. **Reduza o número de slides.** Se você criou uma apresentação de uma hora e pretende realizá-la em 40 minutos, reduza o número de slides em um terço. Use o modo de exibição "Classificação de Slides" no PowerPoint, arrastando os slides descartados para o final, depois daquele que será o último arquivo da apresentação. Não os apague, pois você poderá precisar de um ou outro de última hora, quando estiver respondendo às perguntas.

3. **Pratique com um cronômetro (em contagem progressiva).** À medida que estiver editando o material, ensaie com um cronômetro, mas não marque o tempo em contagem regressiva, e sim progressiva. Caso extrapole o limite de tempo, você vai precisar saber em quantos minutos se excedeu. Conceda a maior parte do tempo da apresentação ao conteúdo essencial; elimine os itens que sejam mais importantes para você do que para a plateia. Continue editando e treinando, até estar consistentemente dentro do limite de tempo desejado.

4. **Pratique com um cronômetro (em contagem regressiva).** Quando você já estiver dentro do limite de tempo, comece a praticar com um cronômetro em contagem regressiva. Divida o conteúdo em frações de um quarto e determine uma marcação para o final de cada quarto. Por exemplo,

se estiver fazendo uma palestra de 40 minutos, saiba exatamente em qual slide deverá estar nas marcações de 10, 20 e 30 minutos, para que assim possa avaliar ao longo da palestra se está dentro do tempo ou ultrapassando-o. Dessa maneira, será capaz de fazer cortes mais precisos no conteúdo.

5. **Tenha dois pontos de encerramento naturais.** Crie um final falso (um resumo das ideias abordadas, por exemplo) e um final verdadeiro – talvez uma história empolgante, inspiradora, que consolide sua mensagem. Se estiver extrapolando o limite de tempo, você pode abandonar o segundo final e, ainda assim, transmitir sua ideia. Certa vez, num evento do TED na Índia, ensaiei minuciosamente para me apresentar nos 15 minutos concedidos. Dois dias antes da palestra, no entanto, desenvolvi uma grave crise de bronquite, de modo que, quando subi ao palco, estava sob o efeito de medicamentos fortíssimos. Antes que me desse conta, a luz que indicava que meu tempo estava acabando piscou, e eu não havia terminado. Felizmente, eu tinha inserido dois pontos naturais para encerrar a palestra, de modo que encerrei com meu primeiro final, citando uma linda saudação à Índia de um famoso discurso indiano. Até onde as pessoas na plateia sabiam, aquele era o final verdadeiro – e elas reagiram calorosamente.

Seja persuasivo para além do palco

Sua apresentação não começa no instante em que você entra na sala; ela começa no momento em que você se compromete a falar e continua depois da palestra propriamente dita, quando você consegue fazer com que a plateia continue a acompanhar o seu trabalho. Se aproveitar as oportunidades para reforçar sua mensagem nesses três estágios, estará muito mais propenso a influenciar o pensamento e o comportamento das pessoas.

Antes
A maneira como você posiciona a palestra antes mesmo de realizá-la terá um grande impacto no nível de interesse da plateia. Pense nas formas de comunicação mais eficazes a serem enviadas com antecedência. Se estiver se apresentando para colegas, você pode lhes enviar um e-mail com um resumo da sua mensagem, além de uma lista geral dos pontos que planeja cobrir, por exemplo, ou enviar uma solicitação de reunião com a pauta detalhada. Se vai falar para pessoas de fora da empresa – participantes de uma conferência, por exemplo –, pode postar na internet sua biografia e os tópicos da palestra, e também fornecer links para leitura prévia (artigos publicados, resumos de relatórios e afins).

Preparar um material de apoio sólido pode levar tanto tempo quanto desenvolver a apresentação. Mas, não importa de que maneira resolva orientar a plateia, sempre deixe claro como as pessoas se beneficiarão de sua palestra.

Durante

Se você pretende entregar apostilas durante a palestra, sempre tenha mais cópias do que o necessário e recrute voluntários para distribuí-las no momento certo. Você também pode colar com fita adesiva mensagens secretas sob as cadeiras, para que sejam encontradas num momento-chave durante a palestra; solicitar à plateia que erga cartelas coloridas para lhe dar feedback em tempo real; ou distribuir um objeto com o qual as pessoas possam interagir, como o protótipo de um produto.

E se estiver tentando gerar repercussão externa – sobre um lançamento, por exemplo –, publique seus slides na internet, assim como quaisquer vídeos ou fotografias que sustentem sua apresentação. Materiais para download vão levar jornalistas, blogueiros e fãs nas redes sociais a escreverem sobre sua apresentação. Se puder, disponibilize a palestra on-line para aumentar ainda mais o público alcançado.

Depois

Termine com uma nota de agradecimento, uma pesquisa, uma leitura complementar ou um vídeo para manter sua mensagem fresca na mente das pessoas. Mas não exija muito. Elas devem sentir que estão ganhando insights e valores pessoais – não que estão trabalhando além do que deveriam para conceder mais benefícios a você do que a elas. Por exemplo, se você encaminhar uma pesquisa sobre o que elas acham de um novo serviço, faça com que isso valha o tempo dedicado à tarefa: explique como o feedback delas vai resultar em benefícios que elas mesmas consideram importantes e ofereça gratuitamente um produto relevante e atraente pela participação. Toda vez que encerro uma apresentação ou uma webconferência, envio um link pelo qual a plateia poderá acessar conteúdo digital gratuito dos meus livros sobre o tema. Os participantes amam receber ferramentas gratuitas e úteis como essa (mais de 25% deles baixam os arquivos).

Ao proporcionar meios de contato antes, durante e depois da apresentação, você deixará uma impressão duradoura e aumentará a probabilidade de suas ideias ganharem aderência.

Compartilhe o palco

Em geral, as plateias acham monólogos entediantes. Graças aos avanços no setor de entretenimento, elas se acostumaram a muita ação, a mudanças rápidas de cena, ao estímulo visual intenso e a trilhas sonoras que fazem disparar o coração. Quase mais ninguém está disposto a ficar sentado atentamente por uma hora enquanto um único palestrante fala de maneira monótona.

O segredo para conquistar e manter a atenção é expor novidades continuamente. Você pode fazer isso das seguintes maneiras:

- **Traga outros apresentadores.** Convide outras pessoas para se juntarem a você no palco ou por vídeo. Pense nos especialistas ou analistas de sua empresa ou área de atuação que acrescentariam conteúdo e credibilidade à sua apresentação. E procure um meio de seus colegas contribuírem com seus pontos fortes. Se Sam tem raciocínio rápido, por exemplo, estimule-o a conduzir a sessão de perguntas e respostas.
- **Combine diferentes tipos de mídia.** Tente alternar slides e outras mídias. Pendure pôsteres e quadros na parede, coloque na mesa objetos relacionados ao tema de sua palestra ou peça a um assistente que exiba um produto novo enquanto você fala. Acrescente vídeos para injetar humor, aumente a credibilidade através de depoimentos ou esclareça

conceitos com um infográfico animado. Se estiver falando de um produto, faça uma demonstração – segure-o, mostre-o, permita que as pessoas interajam com ele. Se estiver explicando um conceito, tente desenhar num bloco em um cavalete ou num quadro branco – isso muda o ritmo e costuma ter efeito cativante, pois torna praticamente todos os apresentadores vulneráveis (exceto os mais artísticos) e, portanto, acessíveis. Ou você pode contratar um ilustrador para sintetizar sua mensagem visualmente no papel ou no quadro. Depois, use esse material como lembrete dos objetivos com os quais todos os funcionários do departamento concordaram na última reunião.

Durante a apresentação, você pode recuperar a atenção de sua plateia várias vezes alternando apresentadores e trocando as mídias. Obviamente, aplicar com sucesso todos esses recursos exige planejamento e ensaio, mas é algo que certamente ajudará a manter as pessoas sintonizadas.

Seção 5
Slides

Em nosso estúdio, não escrevemos nossas histórias. Nós as desenhamos.

– Walt Disney

Pense como um designer

Para deixar bem claro que a dedicação ao design anda "de mãos dadas com o sucesso financeiro" nas empresas, a revista *Fast Company* citou um interessante estudo da ONG Design Council em sua carta do editor de outubro de 2007: "Um portfólio de 63 empresas inglesas guiadas pelo design (...) teve um retorno muito maior que o índice FTSE 100 da Bolsa de Valores de Londres no decorrer de 13 anos." Uma tabela como a apresentada na Figura 5-1 acompanhava a carta.

O que isso tem a ver com apresentações? Muita coisa.

Apresentações são uma das ferramentas de comunicação empresarial mais populares, e perdem somente para o e-mail. Elas atraem clientes e mantêm funcionários nos trilhos. E os apresentadores mais eficientes pensam como designers. Bons apresentadores exibem dados com clareza, simplicidade e de modo convincente, como mostra a Figura 5-1. Eles selecionam imagens capazes de transmitir significado e o valor da marca. Criam e organizam slides persuasivos e capazes de auxiliar os ouvintes na solução de seus problemas.

Depois de ler as dicas desta seção, você não vai se tornar um mestre do design – mas certamente fará escolhas melhores ao confrontar o vazio imenso de um slide em branco.

FIGURA 5-1

Contribuição do design para a lucratividade

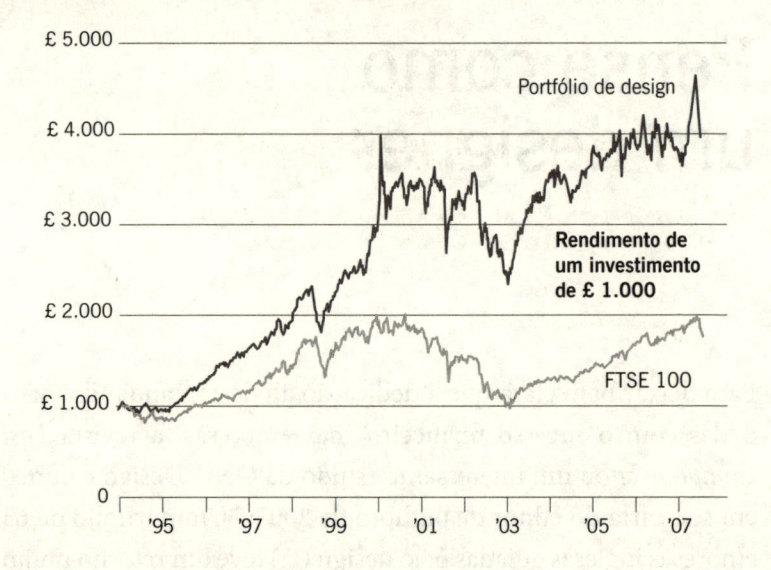

[Gráfico mostrando duas linhas de 1995 a 2007, com valores no eixo Y de £0 a £5.000. A linha superior "Portfólio de design" atinge cerca de £4.000. A linha inferior "FTSE 100" representa o "Rendimento de um investimento de £1.000" e atinge cerca de £2.000.]

Fonte: Fast Company, Design Council e FTSE.

Crie slides que as pessoas consigam entender em três segundos

As pessoas na plateia só conseguem processar um fluxo de informações de cada vez. Ou elas vão escutar o que você fala ou vão ler seus slides – mas não farão as duas coisas simultaneamente (não sem perder partes fundamentais da mensagem). Portanto, assegure-se de que elas serão capazes de compreender rapidamente seus recursos visuais e em seguida voltar a atenção ao que você está falando.

Digamos que você esteja usando o modelo-padrão do PowerPoint e que preencha completamente o campo que diz "Clique para adicionar texto" sempre que criar um slide. Esse campo comporta cerca de 80 palavras, e a velocidade média de leitura é de 250 palavras por minuto. Portanto, se você criar 40 slides repletos de texto para uma apresentação de 40 minutos, as pessoas perderão cerca de 13 minutos (um terço!) da sua palestra simplesmente porque estarão ocupadas lendo seus slides.

Outro motivo importante para manter seus slides simples: pesquisas mostram que o aprendizado através de mensagens multimídia é mais eficiente quando elas estão isentas de palavras, gráficos, animações e musiquinhas irrelevantes. Esses complementos, na verdade, *roubam* o sentido, pois se tornam distrações. Eles sobrecarregam os recursos cognitivos das plateias.

Os slides devem passar no que chamo de *teste da olhadela*: as pessoas precisam compreendê-los em três segundos. Pense em seus slides como se fossem *outdoors*. Quando as pessoas dirigem, elas desviam os olhos de seu foco principal – a estrada – apenas brevemente para processar as informações dos *outdoors*. De modo semelhante, sua plateia deve se concentrar com atenção no que você está dizendo, olhando apenas rapidamente para seus slides quando você os exibe.

Veja como criar slides que passam no teste da olhadela:

- **Comece com uma superfície limpa.** Em vez de usar os recursos-padrão "Clique para adicionar um título" e "Clique para adicionar texto" do slide mestre, desative todos os mestres e comece com um slide em branco. Ao acrescentar elementos, assegure-se de que há um bom motivo para isso. A plateia precisa mesmo ver seu logotipo em todos os slides para se lembrar de sua empresa? Aquela curva azul acrescenta algum significado? Em caso negativo, remova-a.

- **Limite seu texto.** Elabore um texto sucinto e fácil de ler com uma mera passada de olhos. Use a maior fonte possível para que as pessoas no fundo da sala consigam enxergá-lo.

- **Coordene elementos visuais.** Selecione uma única fonte – ou, no máximo, duas – para todo o conjunto de slides. Use uma paleta de cores consistente durante toda a apresentação (limite-se a três cores complementares mais dois tons neutros, como cinza ou azul-claro). Fotografias devem ser tiradas pelo mesmo fotógrafo ou ao menos parecer assim. Ilustrações devem ter o mesmo estilo.

- **Organize elementos com cuidado.** Os slides projetados aparecerão bem maiores do que na tela do computador – portanto, devem estar organizados de maneira impecável. (Quando ampliados, slides descuidados parecem totalmente caóticos.) Alinhe seus gráficos e blocos de texto. Determine o tamanho dos objetos. Se um elemento for maior do que outro, a plateia interpretará instintivamente que o maior é mais importante.

Veja o slide "Antes" (Figura 5-2). Ele não passa no teste da olhadela, pois está lotado de texto.

FIGURA 5-2
Antes

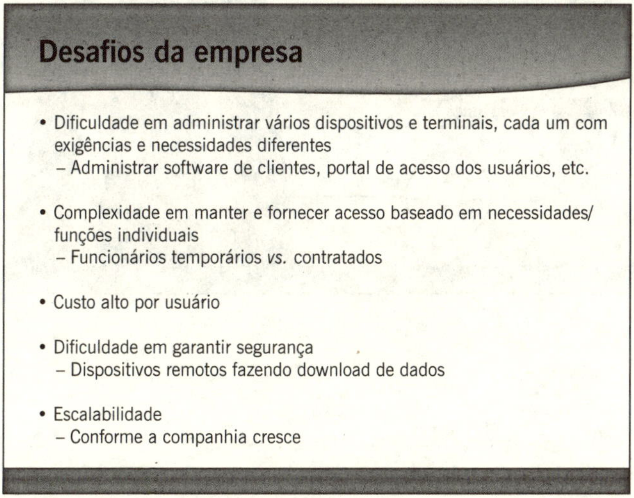

Desafios da empresa

- Dificuldade em administrar vários dispositivos e terminais, cada um com exigências e necessidades diferentes
  – Administrar software de clientes, portal de acesso dos usuários, etc.

- Complexidade em manter e fornecer acesso baseado em necessidades/funções individuais
  – Funcionários temporários *vs.* contratados

- Custo alto por usuário

- Dificuldade em garantir segurança
  – Dispositivos remotos fazendo download de dados

- Escalabilidade
  – Conforme a companhia cresce

No entanto, quando você otimiza o texto e incorpora elementos visuais simples – como na Figura 5-3 –, ajuda a plateia a processar a informação muito mais rapidamente.

Os softwares de apresentações oferecem muitos elementos reluzentes e sedutores para se trabalhar. Mas há beleza e clareza na contenção. Embora você possa desenvolver sua sensibilidade visual estudando publicações com um design de qualidade, também pode ser interessante pedir a um designer profissional que personalize um modelo para você, de modo a lhe fornecer uma base sólida sobre a qual possa construir suas apresentações.

FIGURA 5-3

Depois

Escolha o tipo certo de slide

Quando você começa a criar slides para sua apresentação, pode se sentir sobrecarregado pelas possibilidades ilimitadas. Mas fique tranquilo – todos os slides podem ser resumidos nos tipos a seguir. Eis como funcionam e quando você vai utilizá-los:

Slide de entrada
Quando as pessoas entram na sala, esse slide já estará em exibição. Ele estabelece a primeira impressão. Pode ser que você queira exibir a marca de sua empresa, por exemplo, ou uma imagem que dê o tom da sua apresentação.

Slide de título
É aqui que você exibe o título de sua apresentação e (caso esteja falando para uma plateia externa) seu nome, seu cargo e sua empresa. Inclua um slide de título mesmo que você não diga o título da apresentação quando começar a falar; ele ajuda a orientar e a concentrar a plateia.

Slide de navegação
Esse tipo de slide ajuda a plateia a ver em que pé você se encontra na apresentação. Você pode, por exemplo, exibir títulos de seções

FIGURA 5-4

Slide de navegação

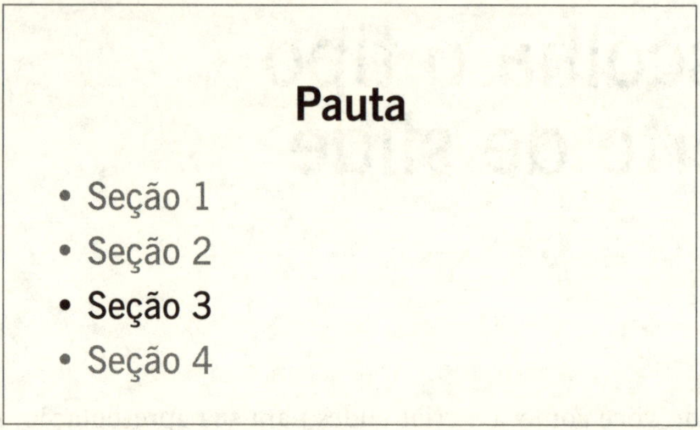

> **Pauta**
>
> - Seção 1
> - Seção 2
> - **Seção 3**
> - Seção 4

à medida que passa de um tópico a outro, ou exibir periodicamente um slide com a pauta da apresentação que destaque cada momento de sua palestra (veja a Figura 5-4).

Slide de tópicos
Crie tópicos para agrupar ideias relacionadas numa lista, mas não exiba todos de uma vez. Se o fizer, a plateia ficará adiantada em relação a você – e acabará entediada. Em vez disso, controle seu ritmo com um "crescendo" (faça com que cada ponto apareça à medida que você o aborda, usando recursos de animação para que pipoquem na tela). Se não houver necessidade de os tópicos em seu slide estarem associados e agrupados, crie um slide para cada um deles.

Slide de palavra em destaque
Esse tipo de slide exibe uma única palavra ou frase curta numa fonte grande – a mensagem ou ideia que você quer transmitir naquele momento. Às vezes, uso uma única palavra a fim

de servir como preparo para uma surpresa visual que virá no slide seguinte. Na palestra da reunião de vendas anual de uma empresa, por exemplo, contei sobre meu primeiro emprego no comércio: ainda criança, eu vendia doces para nosso grupo de escoteiras. Durante a apresentação, inseri uma foto de jornal da minha tropa carregando um troféu por termos vendido mais doces – só que eu queria que o recorte fosse uma surpresa. Portanto, como introdução, inseri um slide que dizia "A vitória é doce". O texto não apenas explicava, com um bom motivo, *por que* as pessoas realizam vendas, como também preparava o terreno para a fotografia que exibia nossos sorrisos patetas e nossos braços magricelas segurando um troféu maior do que nós.

Slide de citação
Exiba citações de especialistas ou de documentos importantes para dar credibilidade ou apoio fatual à sua mensagem, mas deixe bem claro de onde veio o material. Use aspas e inclua a fonte. Utilize somente uma por slide – mais do que isso atrapalhará a concentração. E tente não exceder 30 palavras – isso permite que você inclua a atribuição sem sacrificar a legibilidade. Você também pode recorrer a uma técnica que vi vários apresentadores da TED usarem com eficácia: complemente o visual com uma gravação da pessoa citada ou (se isso não estiver disponível) acrescente uma narração em *off* para que a plateia tenha a sensação de acompanhar o autor da citação durante a leitura.

Slide de dados
Talvez você precise exibir dados enquanto explica sua pesquisa, ou quando estiver informando sobre o desempenho de seu setor, ou defendendo um ponto controverso que exija provas. Seja

criterioso, de modo a não sobrecarregar as pessoas com números desnecessários. Enfatize visualmente os dados que quer que as pessoas olhem, colocando todos os outros elementos no gráfico em cinza. (Leia o Capítulo Esclareça os dados, mais adiante nesta seção.)

Slide de diagrama
Diagramas traduzem conceitos abstratos em algo concreto. Utilize-os para mostrar conexões entre suas ideias ou para ilustrar processos. Você pode querer transformar alguns de seus slides de tópicos em diagramas para esclarecer o tipo de relação existente entre os tópicos e subtópicos. (Leia o Capítulo Transforme palavras em diagramas, mais adiante nesta seção.)

Slide de imagem conceitual
Às vezes, mostrar é mais poderoso do que descrever. Exiba fotografias ou ilustrações para transmitir conceitos, ou combine as duas coisas. A Slaveryfootprint.com usou a imagem familiar de uma etiqueta de roupa com um texto provocador para abrir os olhos dos consumidores para a realidade do trabalho escravo nas cadeias de suprimento (Figura 5-5).

Slide de vídeo
Um slide de vídeo proporciona uma quebra agradável após uma série de slides estáticos. Use vídeos de comentaristas para endossar seu conceito, por exemplo, ou infográficos animados para explicá-lo. Muitos bancos de imagens fornecem vídeos, além de fotografias.

Slide de saída
Deixe uma mensagem útil para o momento de saída da sala. Você pode querer exibir um convite à ação estimulante, suas informa-

ções de contato ou uma imagem inspiradora, com uma música de fundo que reforce o clima que você criou ao longo de sua apresentação.

FIGURA 5-5

Slide de imagem conceitual

Faça o *storyboard* de uma ideia por slide

Cineastas sempre fazem um rascunho de suas imagens antes do início da produção, para assegurar que haverá coesão estrutural, conceitual e visual. Bons apresentadores usam um processo de planejamento semelhante antes de se debruçarem sobre suas ideias.

Com certeza você não é o Steven Spielberg, mas não se deixe intimidar. Fazer um *storyboard* básico não é difícil, e economiza mais tempo do que consome.

Quando estiver montando o *storyboard* de uma apresentação observe o seguinte:

- **Seja simples.** Desenhe pequenas representações visuais de suas ideias em Post-its de 3,8cm × 5cm (veja a Figura 5-6). Limitar as ideias a um espaço pequeno obriga você a usar palavras e imagens simples e claras, como um ensaio de conceito antes de criar os slides num software de apresentações. Não fique constrangido com rascunhos rudimentares. Essa é uma fase de criação; rabiscos funcionam bem desde que você os compreenda (se não os compreender, o conceito deve ser complexo demais, então abandone-o).

FIGURA 5-6
Use Post-its para manter a simplicidade

- **Limite-se a uma ideia por slide.** Não há motivo para espremer várias ideias num só slide. Slides são gratuitos. Faça tantos quantos precisar para que cada ideia tenha seu momento no palco (veja a Figura 5-7).

O processo de elaborar rascunhos ajuda a esclarecer o que você quer dizer e como deseja fazê-lo. Como destaca Dan Roam, autor de *Desenhando negócios*: "Todos os problemas genuínos da atualidade são multidimensionais... Não é possível compreendê-los de forma plena – portanto, não há como começar a solucioná-los de maneira efetiva – sem que, em algum ponto, literalmente os desenhemos."

FIGURA 5-7

Uma ideia por slide

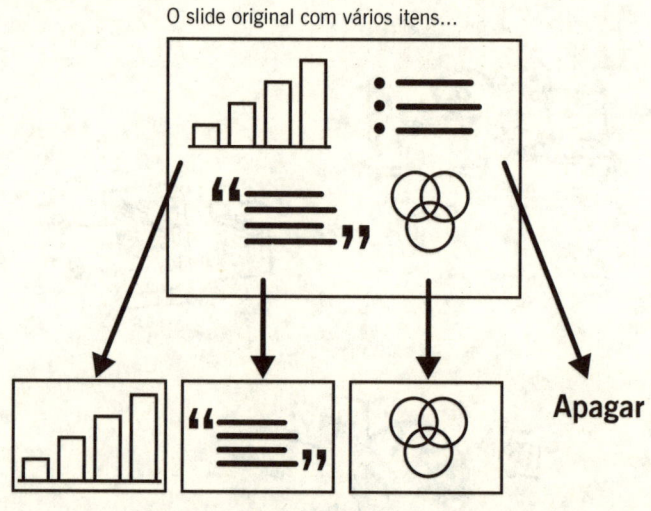

O slide original com vários itens...

Apagar

... torna-se três slides distintos.

Enquanto prepara seu *storyboard*, você vai identificar imediatamente quais conceitos são fracos ou complexos demais (pois vai ficar sem espaço nos Post-its). Elimine-os e faça um novo brainstorming para encontrar maneiras de comunicar essas mensagens.

São grandes as chances de você conseguir desenvolver pelo menos dois de seus rabiscos de *storyboard* em gráficos ou diagramas que serão de fato utilizados na apresentação. Se eles forem ajudar a plateia a compreender ou a se lembrar de sua mensagem verbal, certamente vale a pena incluí-los. Mas, mesmo que você não exiba nenhuma imagem na apresentação, fontes grandes e bonitas na tela sempre são melhores do que uma enorme massa de texto.

Evite clichês visuais

Quando seu diretor financeiro anuncia em uma reunião com toda a equipe que as finanças da companhia estão "bem no alvo", ele apresenta a você e aos seus colegas a imagem mais do que familiar do ponto central de um alvo de dardos?

Nada tem tanto poder de fazer a plateia revirar os olhos quanto um clichê visual. Se você quer que sua apresentação se destaque (de forma positiva) de qualquer outra que a plateia já tenha visto, elimine os primeiros conceitos visuais que lhe vierem à mente, pois certamente são os que ocorreram a todas as outras pessoas. Faça um brainstorming para cada conceito que deseja ilustrar – assim você vai encontrar recursos visuais novos e surpreendentes.

A Tabela 5-1 fornece alguns exemplos de clichês visuais e de formas mais criativas de ilustrar os mesmos conceitos.

TABELA 5-1

Encontre novas metáforas visuais

Conceito	Clichê	Único
Objetivo	Centro de um alvo de dardos	Labirinto; passagem
Parceria	Aperto de mãos diante de um globo	Ecossistema de recifes; Fred Astaire e Ginger Rogers
Segurança	Chave e cadeado	Um pinscher com pose de Dobermann; spray de pimenta

Organize os elementos dos slides com cuidado

Organizando cuidadosamente os elementos dos slides você auxilia a plateia a processar as informações com mais facilidade – e isso, conforme já discutimos, libera as pessoas para prestar atenção no que você está dizendo.

Ao organizar elementos para simplificar seus slides, siga estes cinco princípios do design:

Fluxo

O posicionamento rege o fluxo – ou seja, o modo como o olhar transita em um espaço. Você pode direcionar o olhar das pessoas para regiões específicas de um slide e ajudá-las a chegar rapidamente aos pontos importantes. Elas devem ser capazes de correr os olhos por seu slide e ao mesmo tempo terminar de processar a informação.

Na Figura 5-8, seu olho capta em primeiro lugar o cacho de uvas, depois segue para o texto, e finalmente se concentra numa uva individual.

O exemplo seguinte (Figura 5-9) apresenta um ponto de uma série de cinco pontos definidos. Seu olhar se move da esquerda

Organize os elementos dos slides com cuidado 127

FIGURA 5-8

Fluxo – Parte 1

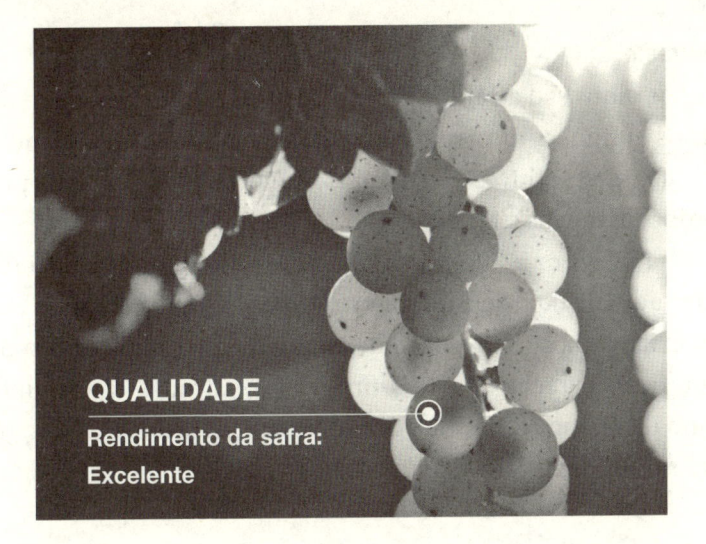

FIGURA 5-9

Fluxo – Parte 2

para a direita: você vê o número 5 e o título, depois segue o caminho para as montanhas.

Contraste
Nossos olhos são atraídos por coisas que se destacam, de modo que os designers recorrem ao contraste para prender a atenção. Crie contraste através do tamanho, do formato, da cor e da proximidade de seus elementos.

Veja a Figura 5-10, na qual o apresentador comparou cortes longitudinais de pele e de solo para mostrar que cuidar de ambos exige uma compreensão da atividade microbiológica sob a superfície. Perceba como as imagens desfocadas em segundo plano destacam as ilustrações em branco intenso para que possam ser processadas rapidamente.

FIGURA 5-10

Contraste

Espaço em branco
O espaço em branco é o espaço aberto em torno dos itens de interesse. Em geral, apresentadores costumam ficar tentados a preenchê-lo com mais conteúdo, que por sua vez vai causar uma disputa de atenção. Mas manter uma quantidade considerável de espaço em branco transmite uma sensação de luxo (publicitários descobriram que ele cria a percepção de valor elevado) e aguça o foco dos espectadores ao isolar os elementos.

Isso não significa que tudo esteja literalmente "branco" – somente que o design parece espaçoso. Veja o exemplo na Figura 5-11.

Se tivéssemos colocado a citação ao lado de uma foto maior ou mais detalhada, seus olhos não saberiam por onde começar. Escondida, a mensagem da citação perderia seu poder.

FIGURA 5-11

Espaço em branco

"Produtos são feitos na fábrica, mas marcas são criadas na mente."
– Walter Landor, fundador da Landor Associates

Hierarquia

Uma hierarquia visual clara permite que os espectadores determinem rapidamente quais são os elementos mais importantes de um slide.

O slide na Figura 5-12, que cita a estatística de um estudo recente da McKinsey, possui uma hierarquia vertical: você processa a imagem, depois a porcentagem em letras grandes e finalmente o texto de apoio.

Unidade

Slides com unidade visual passam a impressão de ter sido criados pela mesma pessoa e fazem com que a mensagem pareça coesa. Você consegue isso com o uso das mesmas fontes e cores, e um padrão de tratamento de imagens e posicionamento de elementos ao longo de todo o conjunto de slides.

Os slides nas Figuras 5-13 e 5-14 parecem harmoniosos por dois motivos: o fundo de ambos possui bordas escurecidas e o

FIGURA 5-12

Hierarquia

65%

dos executivos estão decepcionados com a capacidade de suas empresas de estimular inovações

FIGURA 5-13

Unidade – Parte 1

FIGURA 5-14

Unidade – Parte 2

centro mais claro. Além disso, todas as fontes e imagens estão em preto.

Esclareça os dados

Ao exibir dados numa apresentação, busque clareza acima de tudo. As pessoas não têm tempo a perder com seus gráficos nem vão poder se aproximar da projeção para examinar melhor, como fariam com gráficos impressos. Elas precisam captar o significado dos números à distância, antes de você clicar para passar ao slide seguinte.

As pessoas interpretarão seus slides lendo primeiro os títulos, depois olhando para as formas dos gráficos e em seguida lendo as informações junto aos eixos. É um processo de várias etapas, o que já é complexo por si só. Portanto, se a informação que você exibe for *visualmente complexa*, a plateia não terá tempo de compreendê-la.

As regras gerais a seguir ajudarão você a esclarecer – e a simplificar – seus dados.

Destaque o que é importante
Comece se perguntando "Quais dados eu gostaria que fossem lembrados depois?" e enfatize esse ponto visualmente. Se estiver projetando um gráfico sobre tendências de vendas ao longo de cinco anos, mas quiser mostrar especificamente a baixa consistente nas vendas no primeiro trimestre, destaque a coluna do primeiro trimestre de cada ano com uma cor vibrante e deixe as outras barras numa tonalidade neutra, como o cinza. Diminua

a ênfase de linhas de grade, bordas, eixos e rótulos – todo esse contexto estará em seu discurso, portanto a parte visual não precisa estar – e adote também o contraste (cor, tamanho ou posição) para atrair o olhar do espectador para a parte mais importante.

Repare que na Figura 5-15 (superior) as linhas de grade e bordas possuem o mesmo peso que os dados, de modo que o olhar fica sem saber para onde ir primeiro. Mas a imagem inferior – sem bordas, com eixos e linhas de grade menos destacados – conduz o olhar diretamente ao ponto: vê-se imediatamente que o faturamento estabilizou após um pico no começo do ano.

FIGURA 5-15

Destaque o que é importante

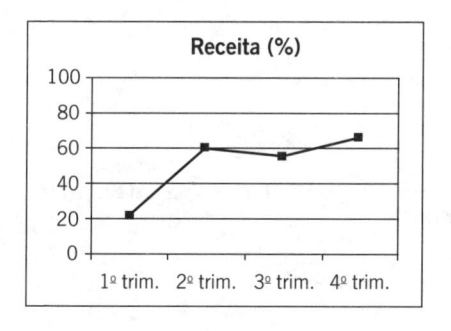

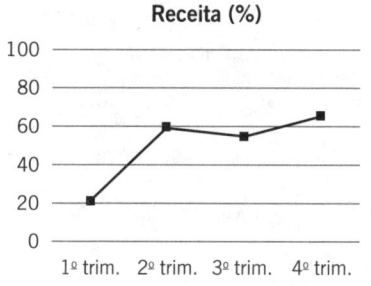

Diga a verdade

Isso pode parecer óbvio, mas muitos apresentadores são negligentes com seus gráficos. Se você não tiver um eixo Z em seus dados, omita efeitos 3-D – a profundidade pode fazer seus números parecerem maiores do que são de fato. Em um gráfico circular 3-D, a fatia em primeiro plano parece enganosamente maior do que o restante. Além disso, não altere as proporções dos eixos. Isso pode acentuar a diferença entre os números (Figura 5-16a) ou amenizá-la (Figura 5-16b). Linhas de grade quadradas (Figura 5-16c) manterão seus dados precisos.

Escolha o gráfico ideal

Os formatos de gráficos mais utilizados em apresentações corporativas são de pizza (ou torta), barras, matriz e linhas. No entanto, cada um deles se presta a um propósito diferente. Use um gráfico de linhas em vez de um de barras, por exemplo, se a

FIGURA 5-16

Diga a verdade

a. Escala vertical exagerada

b. Escala horizontal exagerada

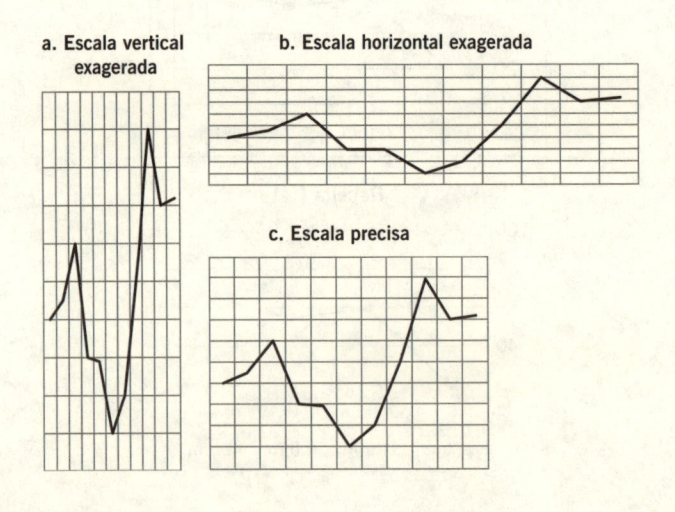

c. Escala precisa

forma da linha for atrair mais atenção para seu dado essencial. Use a matriz em vez de vários gráficos de pizza caso deseje mostrar relações entre os pontos dos dados, e assim por diante.

Por exemplo, o slide na Figura 5-17 adota gráficos de pizza para mostrar como as vendas de passagens de cinco companhias aéreas se dividem entre três canais distintos: internet, agentes de viagem e vendas diretas. Mas não há muito a ser deduzido a partir desses gráficos, pois eles são visualmente parecidos.

Se você colocar os dados em matriz, no entanto, fica óbvio que as vendas totais para a Companhia Aérea 3 representam quase o dobro das outras (Figura 5-18).

Às vezes, o melhor gráfico é *nenhum*. Se um número é capaz de transmitir sua mensagem principal sozinho, mostre apenas esse número – usando uma fonte grande – no slide.

FIGURA 5-17

O gráfico inadequado

Análise de vendas de passagens

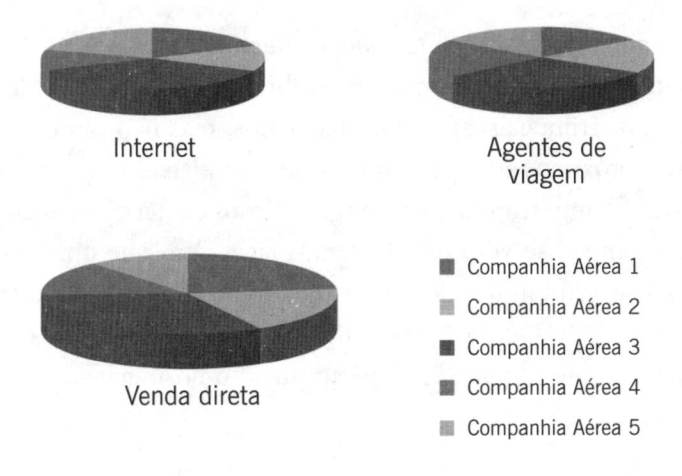

Internet

Agentes de viagem

Venda direta

- Companhia Aérea 1
- Companhia Aérea 2
- Companhia Aérea 3
- Companhia Aérea 4
- Companhia Aérea 5

FIGURA 5-18

O gráfico ideal

Análise de vendas de passagens

	Cia. Aérea 1	Cia. Aérea 2	Cia. Aérea 3	Cia. Aérea 4	Cia. Aérea 5
Internet	20	15	40	12	22
Agentes de viagem	15	18	30	20	15
Vendas diretas	25	20	35	15	12
Total	60	53	105	47	49

Encontre a narrativa nos dados
Não explique somente "o que", mas também "por que" e "como" em seus dados. Talvez os números tenham subido, mas o que fez com que subissem? Qual foi o impacto das pessoas sobre os dados? Como as pessoas serão afetadas por eles?

Use comparações concretas para expressar magnitude
Quanto maior é um número, mais difícil é concebê-lo. Milhões, bilhões e trilhões soam muito parecidos, mas não são nem um pouco próximos em magnitude. Ajude sua plateia a compreender a escala comunicando números grandiosos em termos concretos. Por exemplo, se você está tentando fazer com que uma plateia visualize 100 bilhões de metros quadrados, erga um quadrado de carpete de 30cm x 30cm e diga que seriam necessários aproximadamente 1 bilhão de quadradinhos como aquele para cobrir Manhattan.

Transforme palavras em diagramas

Diagramas são ferramentas ótimas para ilustrar relações entre dados. Esclarecem conceitos de modo que a plateia veja rapidamente como partes de um todo interagem. Por exemplo, se sua empresa está se fundindo a outras duas, você pode usar um diagrama de três círculos sobrepostos para demonstrar as intersecções entre departamentos. Ou, se quiser estimular a equipe e inovar, adote um fluxograma cujo ciclo retorne para si em vários pontos a fim de ilustrar o processo de solução de falhas num protótipo.

Quando estiver criando as imagens da apresentação, tente transformar algumas de suas palavras em diagramas que *reforcem* seu discurso. É fácil traduzir palavras em diagramas quando você tem uma taxonomia visual à disposição – e estou fornecendo uma aqui.

Como minha firma tem transformado conceitos em imagens para empresas e marcas durante mais de 20 anos, os blocos de anotações de meus designers estão repletos de excelentes diagramas. Em busca de padrões, selecionei milhares de rascunhos e os classifiquei nos seguintes tipos de diagramas mais usados (e compreendidos universalmente).

FIGURA 5-19

Tipos de diagramas

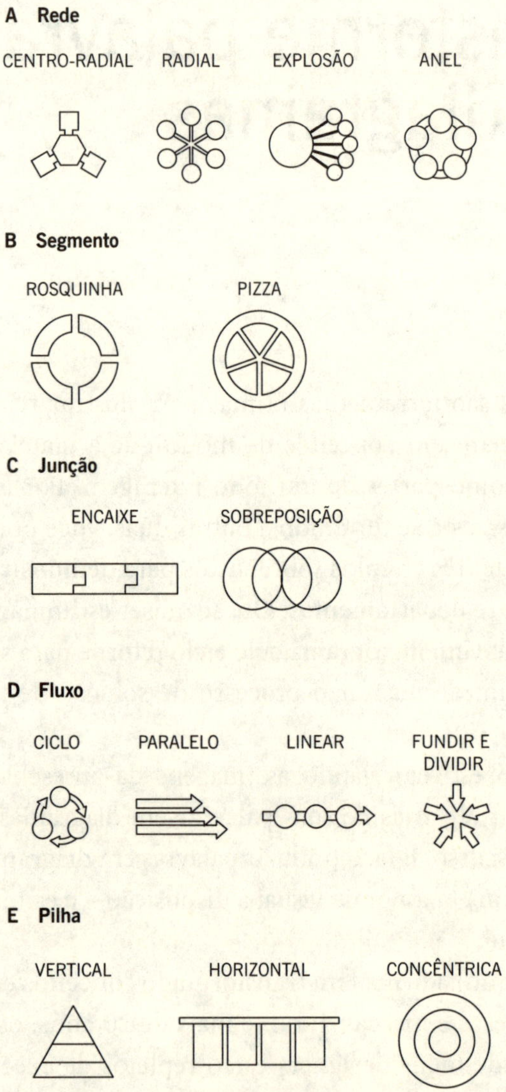

A Rede

CENTRO-RADIAL   RADIAL   EXPLOSÃO   ANEL

B Segmento

ROSQUINHA   PIZZA

C Junção

ENCAIXE   SOBREPOSIÇÃO

D Fluxo

CICLO   PARALELO   LINEAR   FUNDIR E DIVIDIR

E Pilha

VERTICAL   HORIZONTAL   CONCÊNTRICA

Os diagramas na Figura 5-19 ilustram os seguintes tipos de relações:

- **Rede**
  Um diagrama centro-radial pode ilustrar as partes interessadas de vários departamentos que se unem para fazer prosperar uma iniciativa.

- **Segmento**
  Uma rosquinha pode mostrar como produtos individuais podem se encaixar num pacote de ofertas.

- **Junção**
  Um diagrama de encaixe pode representar uma relação entre parceiros de uma cadeia de suprimentos.

- **Fluxo**
  Setas paralelas podem mostrar duas equipes trabalhando alinhadamente rumo a um objetivo.

- **Pilha**
  Camadas verticais podem ilustrar objetivos independentes para o ano fiscal, como blocos de construção que conduzirão à lucratividade.

Como você pode utilizar esses diagramas em sua apresentação? Avalie seus slides e encontre uma lista de tópicos. Tais tópicos certamente devem transmitir a "sensação" de estarem relacionados – afinal, foi por isso que você os agrupou. Em seguida circule os verbos ou substantivos no slide e analise *como* eles estão relacionados. Tal relação provavelmente cairá numa das categorias apresentadas na Figura 5-19. Agora veja se você consegue escolher um dos diagramas dessa categoria para substituir seu slide de tópicos. Repita o processo com outros slides de texto.

Contemple dois conjuntos de slides (Figuras 5-20a e 5-20b; Figuras 5-21a e 5-21b) mostrando como uma lista de tópicos (Antes) pode ser transformada num diagrama (Depois).

A taxonomia na Figura 5-19 não está completa, portanto há espaço para a criatividade dentro de cada categoria. Você pode usar formatos e estilos diferentes para os nós e conectores, e assim por diante (visite o site diagrammer.com para milhares de opções [em inglês]). No entanto, ela cobre a maioria dos pontos de partida, eliminando assim um pouco da pressão enquanto você trabalha para cumprir seu prazo.

FIGURA 5-20a

Antes

Seguimos sempre o mesmo processo básico

- Começamos com a invenção. Usamos as ideias dos estágios iniciais e as transformamos num demo – não demonstrações técnicas, mas conceituais, como a versão bruta do Flare que vocês viram.

- Depois, nossa equipe leva a semente dessa ideia aos clientes, em conferências e fóruns, a fim de obter feedback que nos auxilie a moldá-la em algo ainda mais útil.

- Aperfeiçoamos a ideia e construímos um protótipo, o qual entregamos a um grupo de usuários pioneiros, que testam o produto e nos fornecem feedback.

- Por fim, após alguns ciclos rápidos desse processo, padronizamos as características do produto.

- Somente então ele estará pronto para ser enviado ao nosso grupo majoritário de clientes, como a versão finalizada do Flare que vocês viram.

FIGURA 5-20b

Depois

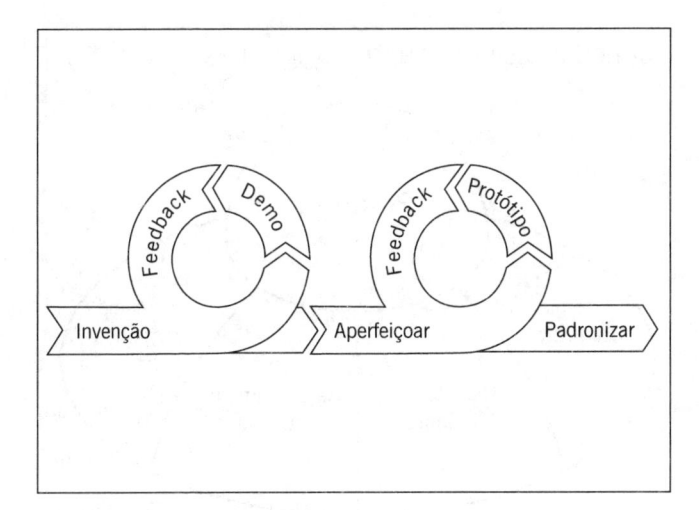

> Invenção → Demo / Feedback → Aperfeiçoar → Protótipo / Feedback → Padronizar

FIGURA 5-21a

Antes

> **Programas de pesquisa**
>
> Concentre-se em quatro programas de pesquisa:
>
> - Desenvolvimento de Energia Doméstica
> - Tecnologias Ambientais
> - Gerenciamento de Carbono
> - Eficiência Energética
>
> O impacto em potencial de todos os nossos programas será estendido para além dos legisladores, para corporações e cidadãos em todo o mundo.

FIGURA 5-21b

Depois

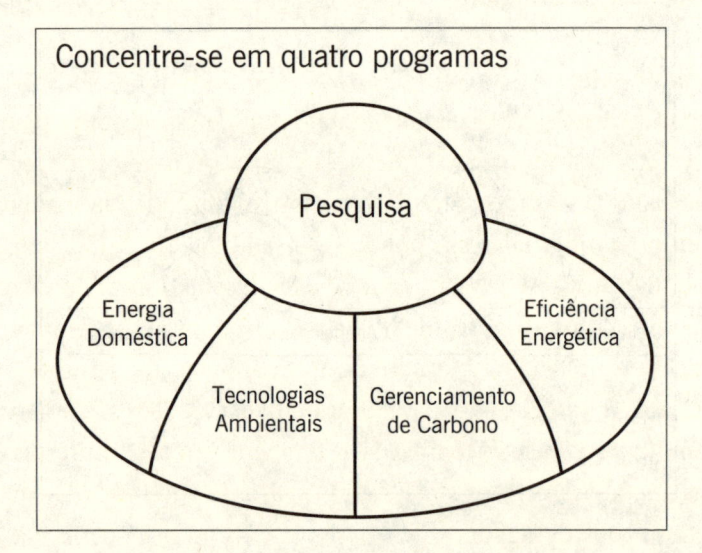

Concentre-se em quatro programas

- Pesquisa
- Energia Doméstica
- Eficiência Energética
- Tecnologias Ambientais
- Gerenciamento de Carbono

Use a quantidade certa de slides

Quantos slides você deve exibir? Isso depende da plateia, da tecnologia utilizada, do ambiente, da sua própria noção de ritmo e de quão à vontade você se sente com um controle remoto. Alguns apresentadores são capazes de passar uma hora com apenas três slides; outros poderiam exibir 200, ou mais, e a plateia nem se daria conta.

Considere estas quatro variáveis de contagem de slides ao criar sua apresentação.

Nenhum slide
Se você precisa estabelecer um contato muito pessoal com a plateia ou estiver fazendo uma apresentação curta num ambiente informal, esqueça os slides. Eles não funcionam em todas as situações. Num post sobre falar em público em seu blog Six Minutes (Seis minutos), Andrew Dlugan diz que os apresentadores não devem usar slides num discurso de inauguração, em cerimônias funerárias, em brindes de casamento ou num anúncio de demissão. Se você estiver inseguro quanto a usar ou não slides em sua apresentação, leve-os com você, mas leve também versões impressas de suas anotações para os slides, para o caso de você decidir deixar seu notebook desligado.

Quantidade moderada de slides

Alguns especialistas recomendam de um a dois slides por minuto, ou de 30 a 60 para uma apresentação de uma hora. Esses são os números médios adotados em palestras corporativas – no entanto, a maioria das pessoas espreme muita informação em cada slide. Se você seguiu as dicas deste livro e limitou seu conteúdo a uma ideia por slide, você pode acabar preparando mais de 60. (Leia o Capítulo Faça o *storyboard* de uma ideia por slide, nesta seção.)

Quantidade elevada de slides

Alguns apresentadores adotam cinco slides por minuto. Esse estilo mais veloz mantém a plateia mais atenta, pois as pessoas costumam voltar a se envolver visualmente a cada clique – no entanto, exige muito ensaio e um ritmo cauteloso. Numa palestra de 40 minutos, eu normalmente utilizo 145 slides. (Se considerarmos os "crescendos" dentro de cada slide – quando vou revelando um tópico de cada vez, e assim por diante –, dou até 300 cliques.) Quando pergunto às plateias quantos slides elas acham que usei, elas estimam um número entre 30 e 50.

Quantidade de slides para mídias sociais

As apresentações mais populares em sites como o slideshare.com (em inglês) possuem mais de 75 slides que você consegue ler em dois ou três minutos. Eles também costumam ser construídos como livros infantis – frase, visual, frase, visual – para incitar uma navegação veloz.

Não se preocupe com a quantidade de slides. Apenas faça com que sejam relevantes.

Saiba quando usar animações

Sempre que alguma coisa se movimenta, acaba atraindo atenção para si. Portanto, animações são uma ferramenta de comunicação impactante – mas somente se empregadas com critério e de uma forma capaz de abrilhantar sua mensagem.

Pode ser tentador incluir todos os recursos e efeitos chamativos disponíveis – mas isso seria o mesmo que bordar pedrinhas de strass em todas as roupas do seu armário. Você seria tão ofuscado pelo brilho ao abrir a porta que não saberia o que escolher.

Uma animação eficaz tem as seguintes características:

- **Mostra como as coisas funcionam.** Use a animação para controlar o movimento dos olhos à medida que você revela como as coisas se encaixam, explicando mudanças, indicando a direção ou ilustrando a sequência. Se, por exemplo, houver uma pilha de caixas mostrando o encaixe das partes de seu aplicativo de software, você pode fornecer cada parte da informação por vez, sem sobrecarregar a imagem: quando você clicar numa caixa, faça uma "gaveta" se abrir por detrás dela para revelar detalhes.

- **Cria contraste.** Exiba uma boa quantidade de slides sem animação, assim a animação vai se destacar quando você empregá-la.

- **Parece natural.** Assim como atores num palco, os elementos podem adentrar em seu slide, interagir e depois sair de cena. No entanto, o movimento deve parecer natural e controlado, não intrometido e frenético.

- **Não incomoda.** Efeitos como girar, retorcer ou rodar não ajudam a deixar o conteúdo mais claro. Recursos desnecessários só incomodam, portanto não perca tempo com eles.

Seção 6
Apresentação

Regra de ouro: Nunca faça uma apresentação à qual você não gostaria de assistir.

– lema da **Duarte, Inc.**

Ensaie bem seu material

Ensaiar sua apresentação nunca é demais. Isso não significa que você tenha que saber sua palestra de cor – aliás, se fizer isso, vai acabar ganhando uma postura engessada e terá dificuldade para estabelecer contato com a plateia. Entretanto, você deve conhecer profundamente seu material. Dessa forma, poderá se adaptar com mais facilidade se o ambiente, o público ou o aparato tecnológico mudarem de repente (e com frequência algo muda). Além disso, a plateia percebe se você está improvisando – e pode se sentir menosprezada. Você estaria transmitindo a mensagem de que não valoriza as pessoas que foram lhe assistir, ou o tempo delas. Talvez o mais importante seja o fato de que ensaiar libera você para estar mais *presente* em sua apresentação e assim se envolver plenamente com a plateia.

Quando ensaiar, reserve bastante tempo para fazer o seguinte:

- **Obter um feedback honesto de um apresentador experiente.** Como apresentador, você está tão familiarizado (e provavelmente apegado) com suas ideias, que pode achar sua argumentação mais clara e persuasiva do que de fato é. Portanto, peça a um apresentador habilidoso que lhe dê um feedback honesto. Mostre seus slides e peça que ele anote o que você expressa bem ou não, o que é essencial manter e o que gera distrações. Ele pode dizer: "Quando você fala tal coisa dessa maneira, as pessoas não entendem", "Esse termo soa pejorativo" ou "Achei que você expressou a ideia melhor na última vez, quando disse...". Outros olhos e ouvidos o ajudam a ver e a escutar a si mesmo do jeito que uma plateia faria.

- **Preparar uma versão resumida.** Numa apresentação, muitas variáveis podem dar errado, deixando você com menos tempo do que o esperado. Os aparatos tecnológicos nem sempre funcionam. Outros palestrantes podem reduzir seu tempo de palco caso se estendam nos discursos deles. Um executivo impaciente pode interrompê-lo com um monte de perguntas. Prepare uma apresentação que se encaixe no tempo reservado, mas não deixe de montar e ensaiar uma versão mais curta, só para garantir.

- **Não deixar de revisar seus slides.** Continue a fazer ajustes nos slides até o dia da apresentação. Refinar um bocadinho do texto aqui ou acrescentar uma foto ali também é uma forma de ensaiar. Você vai ficando cada vez mais familiarizado com o conteúdo à medida que se envolve com seus slides – de modo que, ao se apresentar, eles vão parecer perfeitamente integrados à sua mensagem, não posicionados a esmo, ou mesmo intrometidos.

- **Ensaiar algumas vezes no modo Apresentação de Slides.** Como o modo Apresentação de Slides não permite a visualização das anotações, vai forçar você a se familiarizar ainda mais com o material, se concentrando no ritmo e obtendo fluidez. Aproveite o momento para identificar transições abruptas de um slide a outro, gráficos inconsistentes e crescendos desajeitados à medida que for revelando os tópicos, para tornar as transições mais suaves.

- **Praticar diante da câmera.** Grave alguns de seus ensaios definitivos. Não precisa usar equipamento profissional. Pode ser uma webcam ou a câmera do seu celular ou tablet. Finja que está diante da plateia e fale para a câmera como se esta fosse uma pessoa. Ao terminar, assista para avaliar não somente o conteúdo, mas também sua presença de palco, o contato visual, expressões faciais, gestos e fluidez de movimentos. Identifique os trechos em que você não parece natural, tranquilo ou seguro de seu material – e então aprimore essas áreas.

Conheça o local da apresentação e a programação

Examinar a sala com antecedência ajudará você a se movimentar por ela. Se não puder conferi-la pessoalmente, procure detalhes na internet ou peça ao anfitrião que a descreva. Com essas informações, talvez você possa solicitar mudanças na disposição do ambiente para que fique de acordo com suas preferências. Se estiver conduzindo uma reunião para seis pessoas fora de sua empresa, por exemplo, e lhe designaram uma grande sala de conferências, veja se é possível reservar uma sala mais aconchegante – ou pelo menos uma mesa menor, a fim de estimular a discussão.

Não faça suposições a respeito do espaço. Quando fui convidada a falar para 70 pessoas no Google, visualizei mentalmente fileiras de cadeiras. Mas, quando cheguei lá, fui levada a uma sala de conferências minúscula, com 20 pessoas espremidas – e mais 50 rostos filmados projetados na parede. Se eu soubesse como seria a sala, teria me preparado para um modelo de conversa em vez de uma apresentação formal. Assim, me vi fazendo um monte de adaptações mentais de última hora, como, por exemplo, descobrindo onde me posicionar e para onde direcionar meu contato visual, e isso atrapalhou bastante meu ritmo.

Evite surpresas desse tipo obtendo informações sobre:

- **Disposição do palco e dos assentos.** Qual é a disposição dos elementos na sala? Ela é organizada, como uma sala de aula? Tem mesas redondas? O tamanho do cômodo é adequado para o número de espectadores que você espera? É melhor quando as pessoas podem se sentar mais próximas, absorvendo suas energias mutuamente, em vez de ficarem perdidas e desconectadas num espaço imenso. Você vai estar num palco? A plateia conseguirá vê-lo caso você não esteja em uma plataforma elevada a fim de tornar sua apresentação menos formal? Você tem espaço para caminhar e estabelecer um vínculo com as pessoas? Caso vá estar num palco, quais pontos serão alcançados pela iluminação? Marque todos os pontos escuros com fita adesiva, para que você possa evitá-los (isso é muito importante para palestras gravadas em vídeo). A sala tem colunas que podem obstruir a visão da plateia? Faça o possível para evitar esses pontos. Existe um púlpito? Remova-o – ele é uma barreira visual que o distancia da plateia –, a menos que precise de um lugar para colocar suas anotações.

- **Planejamento da alimentação.** Você vai se apresentar perto do horário de uma refeição? Descubra se oferecerão comida. Se não for o caso, inclua tempo para que as pessoas – inclusive você – possam comer. Ou, se estiver se apresentando dentro de sua empresa, leve petiscos. Uma plateia esfomeada dificilmente vai conseguir se concentrar na sua mensagem. Você falará durante uma refeição à mesa? Vai precisar de amplificação sonora adequada para que as pessoas possam ouvir você acima do tilintar de garfos e facas.

Ou veja se é possível aguardar até que os garçons retirem os pratos antes de você falar.

- **Fluxo da apresentação.** Qual será a ordem dos acontecimentos? Confira com o organizador. Você será apresentado ou precisa se apresentar? Quem falará antes e depois de você? Quais serão os temas dos outros apresentadores? É bom fazer referência às falas dos outros palestrantes. Se sua apresentação estiver mais para o final de uma longa lista de conferencistas, prepare uma mensagem curta e simples – a plateia já vai estar um tanto cansada e sobrecarregada de informações. E se for falar depois de um apresentador com uma visão oposta à sua, deve se preparar para abordar qualquer foco de resistência que ele possa plantar na plateia. Vai falar numa conferência? Verifique as sessões no mesmo horário que a sua, para descobrir se estará concorrendo com um workshop popular, por exemplo, ou com algum autor famoso autografando livros. Isso ajudará a avaliar se sua sala vai lotar.

- **Filmagem.** Sua palestra será filmada? Em caso positivo, localize as câmeras e olhe para elas com frequência a fim de estabelecer uma conexão com espectadores ou ouvintes remotos. Você deseja uma distribuição restrita da filmagem de sua apresentação? Deixe isso claro para os organizadores. Certa vez, quando falei para um grupo de 250 mulheres profissionais sobre superar obstáculos, eu sabia que estava sendo filmada, mas achava que somente as participantes poderiam acessar o vídeo mediante senha. Só que uma emissora de TV local acabou transmitido minha apresentação inteira. Minha palestra foi muito crua. Eu não teria sido tão pessoal se soubesse que seria transmitida para além da sala.

Preveja problemas tecnológicos

Equipamentos costumam apresentar defeitos – até mesmo para pessoas que não têm tanta dificuldade com a tecnologia quanto eu. Portanto, providencie um passo a passo tecnológico ou, se isso não for possível, reserve *pelo menos* 30 minutos para montar os equipamentos.

Eis uma lista que desenvolvi, após anos de provas de fogo, para evitar um frenesi de última hora em função de problemas tecnológicos:

- **Conheça o encarregado de áudio e vídeo.** Saiba o nome dele e trate-o bem. Ele trabalhará com muito mais afinco e agilidade se gostar de você.

- **Teste todo o equipamento.** Faça uma simulação testando o projetor, o controle remoto e qualquer equipamento de áudio. Assegure-se de que tudo esteja funcionando.

- **Leve backups.** Se algum dos equipamentos for fundamental para o sucesso de sua palestra, solicite que ele seja fornecido – mas leve também o seu. Isso vale para o projetor, os cabos, o controle remoto e qualquer equipamento de áudio. Eu sempre viajo com minhas caixas de som porque muitas vezes o equipamento de áudio nos locais de apresentação não estão funcionando. Guy Kawasaki, empreendedor e ex-publicitário da Apple, chega a levar os próprios fones de ouvido intra-auriculares. Além disso, faça cópias de sua apresentação em *pen-drives* e na nuvem – e, não custa lembrar mais uma vez, não se esqueça de imprimir seus slides e anotações.

- **Tenha gravações de suas demonstrações.** Se você planeja demonstrar um software, um aplicativo ou um site, tenha sempre uma versão gravada de sua demonstração no computador, para o caso de a conexão de internet estar lenta ou fora do ar bem na hora da sua apresentação.

- **Teste seus slides.** Clique para ver cada slide. Essa é a última oportunidade que você terá para verificar como os slides serão projetados na sala. Você deve confirmar que pegou a versão certa, que tudo está legível do fundo da sala e que, toda vez que clicar, os slides seguirão para o conteúdo certo. Às vezes, a distância entre o controle remoto e o computador nos bastidores é tão grande que o sinal é insuficiente e a equipe de áudio e vídeo precisa fazer ajustes.

- **Teste os monitores de apoio.** Confirme que seus monitores de apoio (teleprompters) estão funcionando e que você é capaz de lê-los. Descobri em um ensaio técnico na véspera de uma apresentação que meus monitores eram tão pequenos que eu não conseguia ler nada de lá do palco. Eu queria poder recorrer aos monitores de vez em quando, em vez de só me ater às anotações impressas, pois ia citar trechos longos de discursos famosos. Felizmente descobri o problema a tempo, dobrei o tamanho da fonte e me poupei de muito constrangimento.

- **Reproduza todos os arquivos de mídia.** Ao transferir arquivos para os equipamentos de um local de apresentação, é fácil se esquecer de pegar arquivos de áudio e vídeo. Confira se toda sua mídia se encontra na mesma pasta de arquivos e se os formatos de arquivos são compatíveis com os equipamentos que você utilizará.

- **Confirme o tipo de projeção.** Confira as proporções da tela (geralmente, 16:9 ou 4:3) e assegure-se de que seus slides estão nas dimensões corretas. Considere também se eles serão projetados por trás ou pela frente – e cole no chão fita adesiva para que você não atravesse o facho de luz e não tenha slides projetados em seu rosto enquanto estiver falando.

- **Descubra se haverá participantes remotos.** Em apresentações remotas, as chances de problemas técnicos aumentam muito – especialmente nas que envolvem trocas de equipamentos de última hora. Certa vez, testei todos os meus vídeos antes de subir ao palco, só para descobrir, pouco antes de começar minha apresentação, que a equipe de áudio e vídeo trocara os equipamentos para acomodar um grande grupo remoto. A equipe se esquecera de copiar meus arquivos de vídeo para os equipamentos novos – portanto, tive que me esforçar ao máximo para descrever o que as pessoas *teriam visto* caso os arquivos estivessem sendo exibidos.

Administre seu medo do palco

Antes de se apresentar, seu coração dispara? Você sua? Sente a boca seca e fica ofegante? Isso tudo é seu instinto de reação ao estresse entrando em ação. Seu corpo está dizendo para você fugir, pois seu cérebro percebe a plateia como uma ameaça em potencial: as pessoas podem julgar, desafiar ou resistir a você.

Talvez você também esteja temeroso por constatar que uma apresentação não pode ser desfeita. Ela é ao vivo e definitiva.

Um pouco de medo pode ser bom. Na verdade, eu sempre me saio melhor nas apresentações quando estou levemente tensa – é como uma dose de adrenalina. Mas não deixe que isso domine você.

Eis algumas formas de administrar seu medo do palco antes de se apresentar:

- **Silencie sua mente.** Interrompa o diálogo interno autocrítico e, em vez disso, pense em algo relaxante. Dê uma breve caminhada ao ar livre. Escute uma música tranquila.

- **Respire.** Sente-se numa cadeira ou no chão, respire profundamente e prenda o ar. Depois inspire mais um pouco para encher ainda mais os pulmões – e aí solte tudo muito lentamente. Quando faço isso algumas vezes seguidas, consigo acalmar meu corpo em menos de um minuto.

- **Ria.** Leia seu blog de humor favorito ou assista a um vídeo engraçado. Rir não somente distrai você do medo – também alivia a tensão.

- **Visualize.** Nick Morgan, coach de comunicação e autor do livro *Trust Me* (Confie em mim), sugere minha técnica favorita para eliminar o medo: "Imagine uma conversa com a pessoa de quem você mais gosta. Tente captar a sensação física da conversa, sem se concentrar no que vocês dizem. Repare em tudo o que for possível no seu próprio comportamento. O que você está fazendo com as mãos? Quão próximos vocês estão? Catalogue e lembre-se do comportamento, depois reproduza-o durante sua apresentação."

- **Lembre-se das falhas de sua plateia.** Você já passou um tempinho pensando nas maneiras como as pessoas na plateia podem resistir à sua mensagem – e fez bem. Elas realmente têm tal poder. Mas, depois de estudar a postura delas, você também deve ter insights sobre o que torna todos os seus espectadores humanos e frágeis. Lembrar-se de que eles são tão vulneráveis e passíveis de falha quanto você o ajudará a se acalmar.

Defina o tom certo de sua apresentação

A plateia vai avaliar você antes mesmo que seja dita a primeira palavra – portanto, é fundamental que você cause uma primeira impressão positiva e adequada à sua mensagem.

Qual é a primeira coisa que você quer que as pessoas pensem ou vivenciem? Qual clima você quer criar? Defina o tom certo de sua apresentação atendo-se aos seguintes detalhes:

Pré-comunicação
Ao convidar pessoas para sua apresentação, envie uma pauta cuidadosamente redigida com uma linha de assunto concisa porém reveladora – e seja explícito quanto aos benefícios que a plateia vai obter. Toda comunicação anterior à sua palestra afetará sua credibilidade e seu impacto – sendo assim, invista tanto cuidado nela quanto na apresentação propriamente dita. (Leia o Capítulo Seja persuasivo para além do palco, na Seção 4.)

Atmosfera
Toques especiais na sala informam às pessoas o que elas devem esperar e as preparam para o tipo de experiência que você deseja que vivenciem. Se você vai fazer uma apresentação calculada e formal, uma sala fria e pouco mobiliada funciona. Já para uma

conversa casual, adote uma iluminação forte; para uma formal, escureça um pouco o ambiente. Ofereça um lanche (mesmo para grupos pequenos e familiares) para que as pessoas se sintam acolhidas. Música, adereços e imagens projetadas também podem ajudar a criar um bom clima.

Aparência

Por mais que você deseje que a plateia goste de você por sua inteligência, as pessoas sempre farão breves julgamentos baseados em sua aparência. Para falar com clientes em potencial, por exemplo, ou com investidores, escolha uma roupa formal. Ao se apresentar para um grupo novo de subordinados diretos, opte por trajes mais casuais, para indicar que você é acessível. Em *Encantamento: A arte de modificar corações, mentes e ações*, Guy Kawasaki sugere que você se equipare à plateia (ou que se vista para um "empate"). Se estiver trajado menos formalmente do que a plateia, estará dizendo "Não respeito vocês"; e se estiver com uma roupa mais sofisticada, estará dizendo "Sou melhor do que vocês".

Disposição

No instante em que as pessoas virem você, sua disposição deverá prepará-las para sua mensagem. Para que seu conteúdo soe sincero, você precisa parecer apaixonado? Sensibilizado pelos desafios a enfrentar? Se estiver anunciando uma demissão, seja sóbrio, não sorridente. Se sua palestra for animada, converse individualmente com os presentes conforme o grupo for chegando; aperte mãos se for o primeiro contato. Não importa o tom que você esteja tentando estabelecer, seja disponível e sincero.

Seja você mesmo

A transparência conquista as pessoas. Embora você vá querer parecer inteligente e articulado, é ainda mais importante ser aberto e sincero, para que as pessoas confiem em você e nas suas ideias.

Tudo bem se você estiver tenso. Plateias são generosas. A especialista em comunicação empresarial Victoria Labalme destaca o seguinte: "As pessoas vão perdoar um tropeço, uma hesitação ou o retorno a uma seção, desde que saibam que seu coração está presente."

Ela acrescenta: "Seu público quer uma pessoa de verdade. Portanto, evite soar como um porta-voz corporativo – tampouco retrate uma humildade fingida. Fazer papel de alguém pequeno e humilde, quando por dentro você sabe (e a plateia sabe) que você é um gigante, não lhe renderá nenhum fã. Autenticidade significa reivindicar quem você é."

Se você ama o que faz deixe seu entusiasmo transparecer.

Steve Ballmer, presidente da Microsoft, transparece tanta paixão quando faz apresentações que sua dancinha suada e ofegante se tornou um fenômeno no YouTube (Figura 6-1).

Em um artigo de janeiro de 2012 sobre Ballmer, a *BusinessWeek* publicou o seguinte: "Ele faz o papel de líder de torcida em aparições públicas, num esforço nítido para provar que ninguém é capaz de superar seu amor pela Microsoft – e ele se sai

FIGURA 6-1

A famosa dança do "garoto macaco" de Steve Ballmer

constrangedoramente bem." É exagerado, mas é totalmente ele. Ninguém questiona sua autenticidade, e o sujeito consegue motivar seus seguidores.

E há o caso de Susan Cain, que optou pela abordagem oposta quando fez uma das palestras mais comentadas na TED 2012. Susan falou de maneira tranquila e convincente sobre ser uma introvertida num mundo que recompensa extrovertidos. O estilo se adequava perfeitamente a ela – e ao assunto em questão. Ela parecia confortável no palco, mas certamente não era dramática nem apaixonada. Isso não teria sido natural, considerando a personalidade de Susan e o tema abordado. Em vez disso, ela transmitiu a mensagem de um modo que repercutiria em outros introvertidos: "O mundo precisa de vocês, e precisa das coisas que vocês carregam. Portanto, desejo-lhes a melhor jornada possível e a coragem de falar baixinho."

Comunique-se através do seu corpo

As pessoas vão concluir por meio de sua linguagem corporal se podem confiar em você e no seu conhecimento. Gestos contidos e artificiais farão com que você pareça inseguro. Movimentos mais amplos sugerem segurança e abertura.

Use sua expressão física ao máximo com as seguintes técnicas:

- **Projete emoção com seu rosto.** Estabeleça um vínculo com a plateia usando o rosto para transmitir seus sentimentos. Sorria, gargalhe, abra a boca para demonstrar descrença. Antes de começar a falar, tente movimentar todos os músculos faciais que conseguir – isso vai ajudar no aquecimento.

- **Distancie-se de seus slides.** Se você der as costas para a plateia a fim de olhar para os slides, vai acabar erguendo uma barreira. Procure manter o olhar nas pessoas que vieram escutar você pelo máximo de tempo possível.

- **Abra sua postura.** Evite uma postura "fechada", como cruzar os braços, ficar de pé com as pernas cruzadas, enfiar as mãos nos bolsos ou entrelaçar as mãos atrás das costas ou diante do corpo. Isso indica desconforto.

- **Exagere seus movimentos.** Preencha o espaço, especialmente se estiver numa sala grande. Adote o mesmo gestual que usaria caso estivesse em uma conversa pessoal – mas torne-os mais nítidos e mais deliberados. Antes de sua apresentação, estique os braços, abrindo-os o máximo que conseguir e erguendo-os o mais alto que puder (até ficar nas pontas dos pés). Esse exercício ajuda a abrir seu tórax e a treinar os "exageros" na linguagem corporal.

- **Sincronize seus gestos com o conteúdo.** Gestos devem complementar ou enfatizar o que você está dizendo. Se estiver falando sobre um ano recorde de vendas, seja "grande" com seus braços e seu sorriso. Se sua equipe não atingiu as metas por muito pouco, seja contido, talvez mostrando o "pouquinho" com o polegar junto ao indicador.

A neurocientista Jill Bolte Taylor coordenou seus gestuais e conteúdo lindamente em sua palestra na TED de 2008, ao descrever como era ter um derrame grave. Ela levantou os braços para transmitir a onda inesperada de euforia que sentira quando o lado esquerdo de seu cérebro parou de funcionar (Figura 6-2a); aí os baixou ao descrever como rendeu seu espírito, já se preparando para deixar este mundo (Figura 6-2b).

Ao filmar seus ensaios, você vai identificar os gestos, movimentos ou expressões faciais que parecerem apagados ou artificiais. Então reproduza esses gestos até senti-los fisicamente, e depois pratique um gestual novo, que pareça um substituto adequado. Crie uma "memória muscular" do que funciona.

FIGURA 6-2a

Jill Bolte Taylor, braços erguidos

FIGURA 6-2b

Jill Bolte Taylor, braços abaixados

Comunique-se através da sua voz

Sua voz é multitalentosa. Ela pode soar:

- **Assertiva:** Firme, obstinada, expressiva, focada.
- **Cautelosa:** Ponderada, articulada, discreta.
- **Crítica:** Dura, raivosa, irritada, mordaz, cáustica.
- **Divertida:** Cômica, leve, curiosa, irreverente.
- **Motivacional:** Inspiradora, alentadora, amigável.
- **Compreensiva:** Emotiva, tocante, pessoal, delicada.
- **Neutra:** Casual, técnica, imparcial, informativa.

E ela faz tudo isso através de afinação, timbre, volume, ritmo e enunciação.

Muitos apresentadores corporativos têm um estilo vocal desapaixonado, presumindo que tal modo de falar faz com que soem objetivos ou competentes. No entanto, uma apresentação monotônica entediará a plateia. Sendo assim, crie contraste – e ênfase – através de variações vocais. Você pode fazer isso sozinho ou ao revezar com outra pessoa. Quando meu marido e eu coapresentamos a visão de nossa empresa anualmente, nossos estilos contrastantes se destacam: ele é dotado de uma fala mansa, um estilo charmoso e divertido, enquanto eu sou dramática e apaixonada. Essa combinação funciona bem para nosso conteúdo. Ele faz com que todos reflitam sobre o sucesso de nossa empresa, e eu falo sobre o futuro com um entusiasmo ousado.

Para assegurar que o conteúdo seja compreendido claramente, identifique e elimine tiques verbais. Como o silêncio deixa a maioria dos oradores desconfortável, eles costumam preencher o espaço entre pontos distintos com palavras como "hum", "ahn", "entende", "tipo", "né" e "enfim". Só que quase sempre seriam mais bem servidos por uma pausa, a qual dá à plateia uma oportunidade para refletir.

Eu não achava que possuísse nenhum tique verbal, até assistir a mim mesma. Depois de cada ponto essencial, eu sempre dizia "certo?", com um tom melodioso irritante. Não demorou muito para que eu tirasse isso do meu repertório. Assisti ao vídeo várias vezes para sedimentá-lo na minha mente. Na apresentação seguinte, repeti o tique. Uma vez. De repente, aquela palavra que eu nem sequer havia percebido que usava tão frequentemente passou a soar como unhas arranhando um quadro-negro. Em outras duas ocasiões, me flagrei prestes a dizê-la – mas me detive. Tornar-me autoconsciente e realmente prestar atenção em como aquilo soava mal me ajudou a me corrigir na hora.

Faça suas histórias ganharem vida

A beleza de uma história real – seja ela cômica ou dramática – é que ela toca as pessoas. (Leia a Seção 3, para aplicar princípios narrativos quando estiver elaborando e estruturando seu conteúdo.) Mas até mesmo as histórias mais atraentes perdem poder se não forem bem contadas. Como é possível fazer suas histórias ganharem vida? Experimente as duas dicas a seguir, da especialista em comunicação corporativa Victoria Labalme.

Reviva suas histórias
Atores da Broadway revivem histórias toda vez que se apresentam. É assim que eles mantêm o material fresquinho e cativam as plateias noite após noite. Você pode fazer o mesmo. Se estiver falando sobre a ocasião em que se perdeu à noite numa cidade estranha para ilustrar a necessidade de encontrar seu caminho quando não há ninguém para guiá-lo, recrie a cena. Não seja melodramático ou ridículo, mas narre a história como se ainda estivesse naquele momento; assim você aumentará o impacto sobre a plateia. Use palavras descritivas e evocativas. Amplifique-as por meio de sua postura e seus gestos.

O presidente de uma companhia reencena o momento em que o diretor financeiro entrou em seu escritório e recomendou que não investissem em hipotecas *subprime*. A história é fascinante, em parte, porque as plateias sabem que é um investimento de alto risco – mas também porque o presidente traz as pessoas *para dentro* da cena. Ele descreve a sala com revestimento em madeira, a vista de um dia de céu límpido e o momento de sua decisão aguçada – uma decisão que, no final das contas, fez a empresa economizar centenas de milhões de dólares. Depois, ele agradece ao diretor financeiro pelo conselho sábio naquela conjuntura crítica.

É raro que alguém aborde um palestrante semanas depois de uma apresentação para dizer: "Adorei aquele terceiro tópico sobre liderança." O que as pessoas realmente costumam dizer é: "Ainda penso na história que você contou..."

Use detalhes sensoriais para ilustrar a cena

Ao contar uma história, quanto mais você conseguir evocar os sentidos, melhor. Pinte um quadro visual ou a plateia acabará com uma tela em branco. Descreva também sons, sabores, cheiros e como as coisas pareciam ao tato. "Eu aguardava num espaço frio e bolorento do tamanho de um elevador" diz muito mais do que "Eu aguardava numa salinha". Baseando-se nesses detalhes, você evitará uma linguagem vazia e floreada, como a de cartões comemorativos. E conferirá credibilidade e poder de permanência às suas histórias.

Trabalhe de maneira eficiente com seu intérprete

À medida que as empresas vão ampliando os negócios, cruzando fronteiras, os apresentadores podem ter que encarar públicos que não falam sua língua. E trabalhar com um intérprete sempre é um fator complicador. Mas um pouco de preparação pode facilitar as coisas.

Comece escolhendo o intérprete certo para sua situação. Existem três tipos de tradução disponíveis:

- **Simultânea:** O intérprete fica sentado numa cabine com isolamento acústico enquanto você faz uma apresentação sem interrupções. Quem na plateia precisa de tradução usa fones de ouvido. Quando falei para um grande grupo de líderes executivos em Taiwan, mais da metade da plateia usava fones. Como resultado, transmiti muita coisa com pouquíssimo desperdício de tempo. Mas lembre-se de que a tradução simultânea exige mais gastos do que os outros tipos, pois envolve tecnologia.

- **Consecutiva:** O intérprete compartilha o palco com você. Depois de explicar algum tópico, você faz uma pequena pausa para que ele traduza o que foi dito. Essa abordagem pode ser adotada em situações menos formais ou se não houver orçamento para tradução simultânea.

- **Sussurrando:** Nessa modalidade, o intérprete sussurra a tradução para você quando membros da plateia fizerem comentários ou perguntas. Essa abordagem funciona melhor se você estiver suficientemente familiarizado com o idioma para compreender a maior parte do que é dito e precisar de ajuda aqui e ali com jargões e expressões específicas.

Depois de decidir qual tipo de tradução você precisa, veja como escolher a pessoa certa e trabalhar eficientemente com ela. Se puder, dedique até um mês para fazer o seguinte:

- **Teste a química entre vocês.** Alguns intérpretes trazem energia para a apresentação; outros podem esgotá-lo. Passe um bom tempo conversando com seu intérprete antes de contratá-lo. Se tiver tempo para entrevistar um número razoável de candidatos, melhor. Você vai saber que a pessoa é compatível se ela o fizer rir, por exemplo, ou se ajudar você a conter a tensão. O intérprete não deve causar agitação de modo algum – falar em público numa cultura diferente já é difícil o bastante. Você deve acreditar que ele valoriza seu material e que o representará bem.

- **Chame reforços.** Se não conseguir encontrar um intérprete excelente que também seja especialista no tema de sua palestra (uma espécie rara), use o intérprete como fonte primária de tradução – mas providencie também um especialista que fale os dois idiomas em questão para ajudar. Dessa forma, você contará com alguém capaz de corrigir o intérprete em tempo real caso ele cometa algum erro, ou que possa assumir a frente quando o material se tornar altamente especializado ou técnico.

- **Prepare metade do material.** Se lhe derem uma hora, prepare 30 minutos de material. A transmissão de sua mensagem com um intérprete consecutivo pode levar o dobro do tempo – e o mesmo vale para os outros tipos de intérpretes: você sempre vai precisar de tempo extra para traduzir qualquer discussão na sessão de perguntas e respostas.

- **Envie suas anotações com antecedência.** Uma semana antes da apresentação, envie suas anotações ou uma transcrição de uma palestra semelhante para que o intérprete possa ensaiar. Mesmo que sua apresentação não seja exatamente igual àquela enviada, ele terá uma noção de seu material e seu estilo.

- **Trabalhe expressões e metáforas.** Muitas expressões e ditados não possuem termos correspondentes em outras línguas. Se você enviar suas anotações ou uma transcrição com antecedência, o intérprete terá tempo para marcar qualquer coisa que não possa ser traduzida com clareza. Ele então poderá sugerir histórias e metáforas locais que funcionariam na cultura dele.

- **Ensaie o ritmo.** Faça um ensaio com seu intérprete para ter uma noção de quanto material ele consegue traduzir por vez. Peça a ele também que o oriente quanto à velocidade de sua apresentação, de modo que ele seja capaz de acompanhar você *e* que a plateia consiga processar o que está sendo dito.

- **Complete cada pensamento.** Cada transmissão de conteúdo deve ser um pensamento conciso porém completo.

Do contrário, você deixará as pessoas esperando no meio de uma frase enquanto o intérprete traduz a primeira metade da sua argumentação. Afirmações curtas e simples tornam mais fácil para a plateia acompanhar e se envolver com você.

Obtenha o máximo da sessão de perguntas e respostas

Uma sessão de perguntas e respostas é um meio eficaz e interativo de abordar as inquietações de sua plateia *e* de fazer com que seu ponto de vista seja compreendido. Sempre conceda tempo para essa troca numa apresentação profissional – reduza o tempo da palestra, se necessário. Quando as pessoas deixam a sala com perguntas não respondidas, elas tendem a não adotar suas ideias.

Obtenha o máximo de sua sessão de perguntas e respostas das seguintes maneiras:

- **Planeje quando você responderá às perguntas.** Defina desde o começo se você quer responder às perguntas do público ao longo da palestra ou se prefere aguardar até o final. Se você precisa construir um case detalhado, avise no início que as perguntas ficarão para o final. Mas se tiver preparado uma série de tópicos, pode responder às perguntas após cada um deles, enquanto ainda estão frescos na mente das pessoas.

- **Preveja perguntas.** Você pode passar horas preparando uma apresentação e fazê-la lindamente – e aí desperdiçar todo o seu esforço e minar sua credibilidade caso se atrapalhe com uma resposta a uma pergunta inesperada. Reflita sobre *qualquer* pergunta que a plateia possa fazer, das mais corriqueiras à mais hostil. (Leia o Capítulo Antecipe a resistência, na Seção 2.) Prepare respostas antecipadamente para não ser pego de surpresa quando todos os olhos estiverem voltados para você. Ensaie as respostas, mas ainda assim esteja preparado para perguntas inesperadas. Alguns interrogadores podem ser compelidos a desafiar sua ideia em público. Quando isso acontecer, é importante manter a compostura. Conhecer profundamente seu material também vai ajudá-lo.

- **Escute empaticamente em busca de entrelinhas.** Responda às perguntas diretamente, mas também tente identificar e abordar qualquer questionamento mais profundo por trás delas. (Com frequência você vai se deparar com uma questão maior ou uma motivação implícita espreitando à sombra.) Digamos que você seja do departamento de recursos humanos e que esteja conduzindo uma orientação para funcionários de uma empresa recém-adquirida. Se as pessoas perguntarem por que não há mais festas de aniversário mensais para os funcionários, você pode ficar tentado a encarar o assunto como besteira – mas provavelmente as festas são um sinal de um problema subjacente maior. A pergunta *por trás* da pergunta pode ser: "Nossa cultura anterior não está sendo valorizada aqui. Como podemos manter algumas das tradições que faziam nossa empresa parecer uma família?"

- **Quando não souber alguma coisa, admita.** Não dê uma resposta falsa. Nunca. Sua plateia vai perceber de imediato.

Se não souber a resposta para alguma pergunta, deixe claro – e se proponha a fazer uma pesquisa depois da apresentação, informando a resposta ao grupo posteriormente.

- **Mantenha rédeas curtas diante de plateias grandes ou complicadas.** Caso esteja se apresentando para um grupo grande, peça ao moderador que pegue o microfone de volta educadamente depois de cada interação. Dessa forma, uma pergunta agressiva não vai se transformar num ataque. Ou, se não houver um moderador, informe antecipadamente à plateia que você responderá a uma pergunta por pessoa, assim muitos terão oportunidade de participar.

  Quando estudei técnicas de apresentação em público, aprendi a aceitar perguntas de questionadores raivosos – mas, ao mesmo tempo, a olhar para *outros* membros da plateia enquanto as respondia, ficando assim mais fácil passar à pessoa seguinte e manter a discussão construtiva. Se seu tópico for delicado ou se você estiver lidando com uma crise – um *recall* de segurança, por exemplo –, recrute um facilitador para filtrar as perguntas. Ele pode compilar uma combinação de perguntas capciosas e outras mais leves, capazes de arrancar algumas risadas do público, e omitir aquelas que fogem ao tema ou que pareçam conter algum tipo de motivação pessoal. Ele também pode plantar perguntas que talvez a plateia esteja intimidada demais para fazer – como, por exemplo: "Vai haver demissões se não atingirmos nossa meta este ano?"

- **Deixe uma última impressão memorável.** Não termine abruptamente após as perguntas e respostas – desse modo a apresentação vai soar incompleta e insatisfatória para a plateia, e você vai estar perdendo a oportunidade de reforçar sua mensagem. Encerre a discussão com um breve resumo que recapitule a "nova felicidade" que você está ajudando a plateia a atingir. (Leia o Capítulo Torne o final impactante, na Seção 3.)

Construa confiança com uma plateia remota

Graças às tecnologias facilmente acessíveis de teleconferências e webconferências ou *webinars*, cerca de 80% das apresentações corporativas são feitas remotamente, de acordo com várias pesquisas ao vivo que conduzi com plateias em grandes empresas de uma vasta gama de setores. É uma porcentagem impressionante. Sempre que a tecnologia revoluciona o modo como nos comunicamos, há uma compensação. O teórico da comunicação Marshall McLuhan destacou isso quando propôs um sistema para examinar o impacto de novas mídias na sociedade. Adote o sistema dele para examinar apresentações remotas (Figura 6-3) e você constatará tanto resultados positivos quanto negativos.

Embora seja projetada para conectar pessoas remota e até globalmente, a tecnologia também isola os participantes do contato humano. Como solucionar esse problema? De que forma estabelecer confiança com sua plateia remota? Isso depende de você usar ou não *streaming* de vídeo em suas apresentações.

FIGURA 6-3
Prós e contras das apresentações remotas

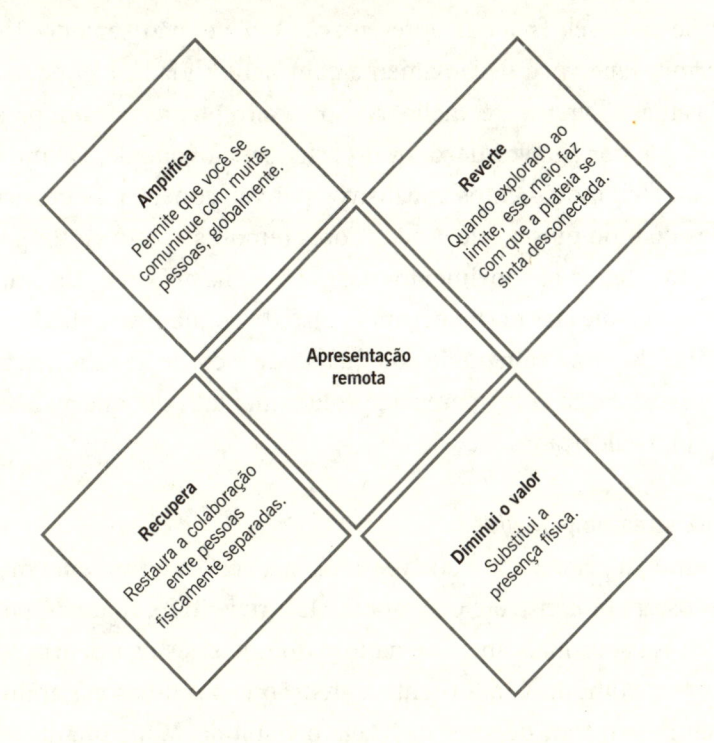

Amplifica — Permite que você se comunique com muitas pessoas, globalmente.	**Reverte** — Quando explorado ao limite, esse meio faz com que a plateia se sinta desconectada.
Recupera — Restaura a colaboração entre pessoas fisicamente separadas.	**Diminui o valor** — Substitui a presença física.

(Apresentação remota)

Com streaming *de vídeo*

Quando você está visível para a plateia, sua linguagem corporal – especialmente contato visual e gestos – pode ajudar na criação de um vínculo com os espectadores. (Leia o Capítulo Comunique-se através do seu corpo, nesta seção.) Se você consulta suas anotações ou slides com muita frequência, seus olhos vão parecer irrequietos. Portanto, mantenha-os na câmera o máximo possível. Posicione a câmera na altura dos olhos, para que você e a plateia estejam no mesmo nível. Olhar para ela de cima para baixo obriga os espectadores a olharem para cima para se concentrarem em você. Diretores de fotografia costumam recorrer a esse truque para mostrar a superioridade de um personagem – mas a última coisa que você deseja é parecer condescendente.

Se possível, faça sua apresentação em pé, não sentado. Isso permite que você se movimente com naturalidade – pode usar suas mãos livremente, inclinar-se para a frente, recuar um passo –, o que por sua vez deixa os espectadores à vontade. De modo geral, faça movimentos expansivos para se conectar às pessoas. Mas quando quiser que espectadores remotos notem certos gestos, mantenha os movimentos das mãos mais próximos do peito, de modo que elas permaneçam dentro do enquadramento da câmera. Use uma câmera de alta qualidade e cuide da iluminação: uma instalação com aparência profissional faz com que a plateia se sinta valorizada.

Sem streaming *de vídeo*

Quando a plateia não pode ver você, sua voz é a ferramenta mais valiosa para construir confiança. Mas, repetindo, fique de pé – você vai soar mais aberto e natural do que se estiver debruçado sobre o computador. Sustente a atenção das pessoas variando o volume e o tom de sua voz. (Leia o Capítulo Mantenha os ouvintes remotos interessados, nesta seção.) Mas não exagere – o melodrama não conquista a confiança de ninguém.

Você também pode construir confiança através da linguagem visual. Crie slides que transmitam uma sensação de "abertura" usando fontes fáceis de ler e mantendo os gráficos simples e limpos. Além disso, no espírito da transparência, permita que a plateia faça download do conjunto de slides.

Mantenha os ouvintes remotos interessados

Quando as pessoas se conectam a uma webconferência ou entram em uma teleconferência, você não pode vê-las, e assim elas ficam extremamente tentadas a entrar num modo multitarefa.

Recentemente, minha empresa fez uma pesquisa com quase 400 pessoas que participaram de uma webconferência no último ano, e descobrimos que a atividade que recebeu mais dedicação durante a apresentação foi uma olhadinha no e-mail (mais do que qualquer outra atividade – inclusive *assistir ao seminário* [Figura 6-4]). Isso significa que as caixas de entrada das pessoas são suas maiores concorrentes.

Portanto, o que você pode fazer para afastar as pessoas de outras tarefas?

- **Divida o conteúdo em partes pequenas.** Ofereça petiscos de informação aos participantes, um de cada vez, para que eles permaneçam sintonizados. Aí passe rapidamente de um ponto a outro – não perca muito tempo explicando conceitos. E, se tiver slides, troque-os a cada 20 segundos, aproximadamente.

FIGURA 6-4

O e-mail é seu maior concorrente

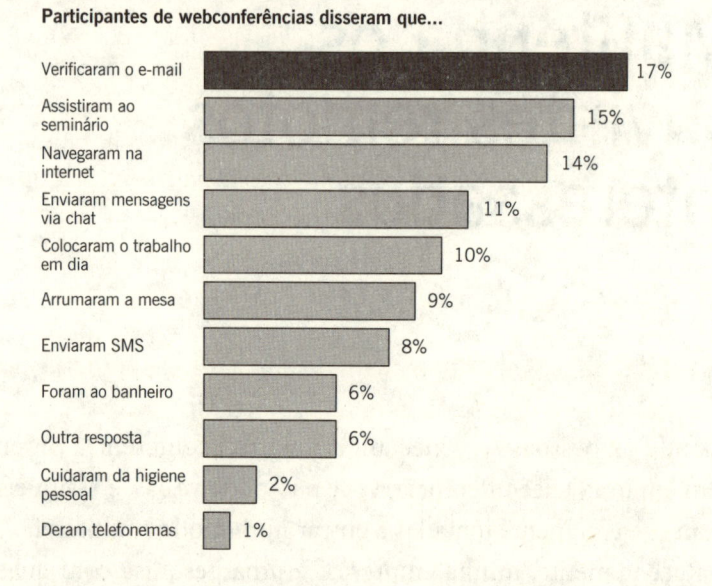

Participantes de webconferências disseram que...

Verificaram o e-mail	17%
Assistiram ao seminário	15%
Navegaram na internet	14%
Enviaram mensagens via chat	11%
Colocaram o trabalho em dia	10%
Arrumaram a mesa	9%
Enviaram SMS	8%
Foram ao banheiro	6%
Outra resposta	6%
Cuidaram da higiene pessoal	2%
Deram telefonemas	1%

- **Torne sua apresentação interativa.** Ofereça atividades úteis para os membros da plateia, como passar alguns minutos pesquisando alguma coisa e depois postar o que descobriram na janela de chat, para que todos vejam. Se você pedir às pessoas que respondam a algum tipo de pesquisa, assegure-se de que os resultados serão do interesse delas. E recompense a todos por terem prestado atenção. Quando fui convidada a participar do vlog do consultor de marketing Chris Brogan, coloquei um cartaz atrás de mim que dizia: "O primeiro que postar no Twitter que viu este cartaz vai ganhar um livro."

- **Desfrute do seu material.** Sua empolgação precisa ser transmitida por sua voz, principalmente se a plateia não puder ver você por vídeo. Sorria ao compartilhar seu material – e sua voz automaticamente assumirá um tom mais animado. E se disser algo engraçado, ria um pouquinho, mesmo que não haja ninguém na sala com você – isso convida os ouvintes a rirem também.

- **Varie as vozes.** Traga outras vozes para aumentar o interesse. Tente coapresentar com outro especialista, e brinquem como se fossem apresentadores de programas de TV. A plateia vai ter a atenção renovada toda vez que um novo palestrante falar.

- **Faça pausas estratégicas.** Quando a plateia perde a sintonia com os apresentadores remotos, todo o discurso começa a soar como ruído branco. Salpique pausas antes de cada tópico importante para estimular as pessoas a prestarem atenção. Isso vai interromper o ruído branco. Quando você recomeçar a falar, as pessoas vão notar. Às vezes, pausar também leva a plateia pensar que há algum problema com o equipamento – e, ao parar para mexer em seus computadores, as pessoas recobram o interesse.

- **Visualize seus ouvintes.** Lembre-se de que você está falando com pessoas, não com máquinas. Visualize mentalmente o rosto delas e imagine estar em uma conversa ao vivo. Quando comecei a fazer apresentações remotas, tive dificuldade para falar naturalmente para a câmera. Então tirei fotos sorridentes dos meus colegas de equipe, recortei os rostos e colei-os com fita adesiva acima do meu monitor. Isso serviu como um lembrete visual de que eu estava falando com pessoas de verdade.

Mantenha o ritmo de sua apresentação remota

Como plateias remotas são muito suscetíveis a distrações, até mesmo pequenos incômodos podem atrapalhar sua apresentação. Mantenha o ritmo com as dicas a seguir:

- **Forneça instruções claras.** Ao enviar o convite explicando o tema de sua apresentação, descreva como os participantes devem se registrar e fazer o *log in*, e especifique quaisquer exigências técnicas necessárias, para que as pessoas não descubram tarde demais que não possuem o equipamento necessário para participar.

- **Planeje-se para enfrentar problemas tecnológicos.** Forneça à plateia informações de contato para solucionar dúvidas. Envie apostilas por e-mail com antecedência e deixe os slides on-line, para o caso de a tecnologia da apresentação remota apresentar problemas.

- **Teste seus slides.** Alguns softwares de webconferência "quebram" seus slides ao não exibir corretamente animações, crescendos e transições. Muitas animações que pipocam item a item não funcionam direito ou saem tão entrecortadas que se tornam ineficazes. O contraste entre as cores pode diminuir, e fotografias podem perder resolução. Por isso teste seus slides no mesmo computador a partir do qual fará a apresentação, pois sistemas operacionais e softwares diferentes não se comportam da mesma maneira. Examine cada slide no software e corrija qualquer eventual problema.

- **Comece pontualmente.** Reserve pelo menos 30 minutos para se assegurar de que seu áudio e seu vídeo estejam funcionando corretamente. Você não vai querer que os participantes pensem que está mal preparado caso flagrem você resolvendo problemas tecnológicos.

- **Reduza ruídos pessoais.** Remova joias barulhentas, como pulseiras ou brincos, que possam bater no *headset*. Remexa-se o mínimo possível. Não batuque, nem brinque com canetas, remexa em papéis ou tome goles d'água perto do microfone.

- **Reduza o ruído ambiente.** Feche a porta e desligue ventiladores e música. Feche todos os aplicativos do computador que emitam sinais de alerta. Silencie seu microfone no aplicativo remoto quando outra pessoa estiver falando, de modo que a respiração ou pigarros não fiquem audíveis. Desligue seu celular e o som do telefone fixo. Se as pessoas estiverem ligando para uma teleconferência, não coloque seu telefone em espera (*hold*) – elas vão escutar a musiquinha de espera. Silencie-o.

- **Reduza ruídos visuais.** Oculte janelas de aplicativos e ícones desnecessários da área de trabalho de seu computador, para não desviar a atenção da plateia. Use o mouse para apontar imagens e textos no slide, mas não fique movimentando a seta freneticamente.

- **Reduza ruídos coletivos.** Ouvintes remotos só têm condições de ouvir uma pessoa por vez, portanto controle as conversas simultâneas durante uma teleconferência. Se alguém na sua sala fizer uma pergunta, repita-a para que a plateia remota possa ouvi-la.

- **Recrute um facilitador.** Reduza um pouco do estresse de sua apresentação pedindo a um facilitador que gerencie parte dos detalhes, como cuidar dos aparatos tecnológicos, organizar a sala, enviar a pauta e os slides, monitorar as salas de chat, conduzir as pesquisas e garantir que as pessoas em todas as locações tenham oportunidade de serem ouvidas.

Seção 7
Impacto

Estamos competindo por relevância.

— **Brian Solis**,
diretor-analista do Altimeter Group

Construa relacionamentos através das redes sociais

As redes sociais proporcionam à plateia uma boa dose de controle sobre as *suas* relações públicas. As pessoas podem transmitir trechos de seu conteúdo aos seguidores – citando você, resumindo suas ideias, acrescentando comentários. Mesmo que você esteja diante de apenas 30 pessoas, centenas mais – talvez milhares, se sua plateia tiver uma rede muito extensa – podem obter um vislumbre do que você está dizendo e do que os outros acham disso.

Quando os comentários são positivos, suas ideias ganham força. Em determinado evento, um grupo de participantes entrou na sala 15 minutos após eu já ter começado. Depois descobri que um membro da plateia tinha tuitado sobre minha sessão, de modo que alguns seguidores dele vieram conferi-la.

Mas, às vezes, os comentários não são positivos. Veja exemplos de tuítes publicados durante uma conferência sobre ensino superior em Milwaukee:

@jrodgers
Começando a ver nos rostos os olhares de AI MEU DEUS ESTOU PRESO.
#heweb09

@jShelK
Vamos brincar de virar uma dose de bebida toda vez que ele disser "na verdade" e "contestável". #heweb09

@stomer
Precisamos de uma camiseta com os dizeres "sobrevivi ao desastre da palestra principal de 2009". #heweb09

Poucas horas depois, alguém criou uma camiseta da estamparia CafePress e compartilhou com os participantes da conferência (Figura 7-1).

FIGURA 7-1
Camiseta da CafePress

Em *The Backchannel*, o consultor de comunicações Cliff Atkinson escreve sobre o impacto das redes sociais nas apresentações. Ele destaca que o *backchannel* – o fluxo de conversa antes, durante e depois de uma palestra – é construtivo quando:

- enriquece sua mensagem à medida que as pessoas forem tomando notas, acrescentando comentários e sugerindo mais fontes sobre o assunto;
- fornece um valioso arquivo de informações que merecem ser revisadas após a apresentação;
- conecta os participantes, construindo uma comunidade em torno das ideias;
- permite às pessoas que não puderam comparecer à apresentação acompanhar os relatórios e as discussões subsequentes;
- aumenta seu alcance.

Ele é destrutivo quando:

- distrai os membros da plateia, de modo que todos terminam prestando mais atenção no *backchannel* do que em você;
- desvia a conversa para assuntos não relacionados;
- exclui membros da plateia que não têm conhecimento do *backchannel* ou que por alguma razão não podem se juntar a ele;
- limita a capacidade das pessoas de transmitir nuances ou contexto, devido à brevidade das postagens;
- insere um tom rude ou sarcástico, já que as pessoas se sentem à vontade para postar coisas que não diriam por aí.

Seu objetivo é evitar uma insurreição no *backchannel*, na qual as pessoas ficam atiçando umas às outras para rejeitar sua mensagem. Mas como? Fazendo com que os participantes on-line sintam-se *ouvidos*.

Com ou sem seu envolvimento, eles vão falar de você. Portanto, participe. Envolva-se como uma pessoa sociável e habilidosa, e assim haverá um envolvimento mais pleno e honesto com suas ideias.

Construa relacionamentos das seguintes maneiras:

- **Observe o comportamento das pessoas.** Preste atenção no que elas andam comentando. Usuários ativos de redes sociais podem apontar canais repletos de discussões ativas – um grupo de discussões no LinkedIn, por exemplo, ou a página de fãs de determinada marca –, em que você pode começar a participar de conversas com clientes ou defensores em potencial.

- **Forneça um canal.** Crie uma *hashtag* no Twitter para sua apresentação e convide os membros da plateia a utilizá-la para conversar com você e entre si. (Obviamente, isso só é apropriado para apresentações externas com grandes plateias. Você não divulgaria conteúdo de reuniões confidenciais de uma empresa, por exemplo, ou de uma reunião de vendas com um cliente.) Incentive os participantes a usar o *backchannel* antes, durante e depois de sua apresentação; exiba sua *hashtag* num slide introdutório.

- **Solicite a colaboração da plateia.** Tente apresentar uma ideia parcialmente desenvolvida e peça às pessoas para ajudarem a refiná-la através das redes sociais. Faço isso sempre e recebo respostas muito úteis. Quando não sei muita coisa a respeito de uma plateia para a qual estou me preparando para falar, pesquiso um pouco por conta própria – mas também pergunto no Twitter sobre a expectativa das pessoas que participarão de determinado evento, por exemplo, ou que trabalham para uma empresa ou um ramo específicos.

Divulgue suas ideias através das redes sociais

Use o conteúdo das redes sociais da mesma forma que você recorre às histórias, imagens e frases de efeito: para reforçar e divulgar sua mensagem.

Você pode escrever em blogs, postar fotos, encomendar infográficos e produzir vídeos que ampliem suas ideias, para que a plateia tenha um estímulo para compartilhá-los. Se já quer começar mas ainda não deseja gerar muito conteúdo, tuíte links para reportagens e postagens em blogs de especialistas que estejam de acordo com o conteúdo de sua palestra.

A atividade nas redes sociais costuma atingir um pico durante uma apresentação, com um volume moderado de conversas antes e depois. Facilite a interação no auge das seguintes maneiras:

- **Faça *streaming* de sua apresentação.** Transmita a apresentação ao vivo para que as pessoas possam assistir remotamente. Essa é a maneira mais direta de ampliar seu alcance on-line, pois a mensagem completa é transmitida, não somente a conversa em torno dela.

- **Programe a postagem de mensagens e slides.** Crie mensagens e slides exclusivamente para as redes sociais, e usufrua da tecnologia para postá-los automaticamente em momentos cruciais da apresentação. Você pode baixar aplicativos para programar a divulgação do conteúdo. Ou pode acrescentar frases de 280 caracteres ao seu campo de notas no PowerPoint e programar para que sejam tuítadas automaticamente conforme você avançar com os slides.

- **Escolha um moderador.** Designe alguém – um colega, um blogueiro convidado, um membro da plateia – para manter o tópico construtivo nas mídias sociais. Escolha alguém de raciocínio rápido e que domine bem seu material. Peça que tuíte as frases principais assim que você citá-las, que levante perguntas instigantes on-line e redirecione a conversa para o tema quando ela começar a se desviar. Também peça ao moderador que envie links dos seus slides (poste-os no portal slideshare.com ou em formato pdf no seu site pessoal).

- **Reproduza a opinião da plateia.** Além de transmitir sua mensagem, o moderador deve repetir (e validar) o que os participantes estão dizendo ao vivo. A moeda das mídias sociais é a reciprocidade: se você não divulgar as ideias alheias, as suas provavelmente também não chegarão a lugar nenhum.

- **Poste fotografias de sua palestra.** Recrute alguém para fotografar sua apresentação. Para dar uma sensação de imediatismo aos usuários das redes sociais, seu fotógrafo pode trabalhar junto com o moderador para publicar as imagens enquanto você fala.

- **Estimule as postagens em blogs.** Convide blogueiros, jornalistas e especialistas em mídias sociais para participar e cobrir sua apresentação. Você aumentará exponencialmente seu alcance através dos canais e seguidores deles.

O guru das mídias sociais Dan Zarrella avaliou o tipo de conteúdo que as pessoas gostam de compartilhar nas redes sociais durante apresentações. Eis algumas dicas dele:

- **Não seja ostensivo demais.** As pessoas desejam identificar sozinhas o que vale a pena ser divulgado. Portanto, resista à tentação de usar o passarinho do Twitter para marcar as frases de efeito que você quer ver divulgadas. Na verdade, são estas que acabam sendo as *menos* compartilhadas.

- **Seja inovador.** Quase 30% dos entrevistados no estudo de Zarrella disseram que estariam mais inclinados a citar uma apresentação no Twitter ou num blog se ela fosse inovadora ou digna de nota. Para que uma ideia se espalhe, ela precisa ser diferente e se destacar.

Depois de se apresentar, poste um vídeo de sua palestra em sua página pessoal e também no LinkedIn, no Facebook e em outras redes. Muito embora a maior parte do *backchannel* ocorra tipicamente durante as palestras, algumas às vezes viralizam muito tempo depois de realizadas. (Apresentações excelentes podem obter centenas de milhares de visualizações ao longo de semanas.) Postar um vídeo também vai ajudar a capturar novos membros que não sabiam sobre a apresentação quando você a realizou, ou que não puderam assistir à versão via *streaming*.

Avalie se você se conectou às pessoas

Obter feedback sobre sua palestra em tempo real e depois de concluí-la fornece tipos diferentes de insights – todos valiosos.

Observe o **backchannel**
Tenha um moderador para ficar de olho nas redes sociais e enviar mensagens de texto para o seu celular caso ele conclua que você deveria abordar quaisquer críticas numa sessão de perguntas e respostas no final da palestra. (Ele deve encaminhar comentários duros porém justos – e filtrar qualquer conversa que possa desestabilizá-lo.) Se você se sentir confortável em ajustar sua mensagem durante a apresentação, coloque seu celular (no modo silencioso) sobre o púlpito ou na mesa à sua frente, verificando-o discretamente durante toda a apresentação. Se a plateia começar a se amotinar no *backchannel*, você pode mudar o rumo do seu discurso. Informe às pessoas que você monitorou a opinião delas porque deseja abordar suas preocupações.

Observe a plateia ao vivo
As pessoas na sala sempre vão demonstrar como estão se sentindo por sua postura e suas expressões faciais. Fique atento aos indícios físicos de que elas estão envolvidas. Um dos motivos

que faziam Steve Jobs manter um estado elevado de atenção durante uma palestra de 90 minutos era seu dom para provocar reações físicas frequentes. Durante a apresentação de lançamento do iPhone, em 2007, a plateia riu 79 vezes e aplaudiu 98 – o que equivale a cerca de uma reação a cada 30 segundos.

Também é importante captar sinais negativos, para que você possa mudar o rumo. As pessoas estão se recostando com os braços cruzados? Pode ser um sinal de resistência. Parecem cansadas? Estão se remexendo nas cadeiras? Olhando ao redor? Verificando o e-mail? Elas podem estar entediadas ou apáticas ante suas ideias. Descubra um jeito de conquistar a atenção delas caso não estejam dando sinais de envolvimento, como se inclinar para a frente, assentir, sorrir e fazer anotações.

Durante determinada conferência, um apresentador percebeu facilmente, através da linguagem corporal, que não estava atingindo sua plateia – as pessoas não estavam interessadas em sua ideia. Mas, em vez de prosseguir se arrastando, ele parou, admitiu que se equivocara na preparação e perguntou se aquelas pessoas lhe dariam a oportunidade de falar na próxima conferência caso ele prometesse fazer um trabalho melhor para compreender as necessidades do grupo. Acabou sendo ovacionado de pé e recebeu um convite para retornar no ano seguinte.

Faça uma pesquisa com a plateia
Uma pesquisa não é tão imediata quanto o diálogo no *backchannel* e outros tipos de feedback em tempo real, mas proporciona mais controle sobre os tipos de insights que você pode obter da plateia – e os comentários são mais profundos. A pesquisa deve ser curta e objetiva, podendo ser respondida numa folha de papel, on-line ou por e-mail. Peça às pessoas que sejam sinceras. Ao final de sua apresentação, exiba um slide estimulando os

ouvintes a lhe darem uma nota de avaliação, via celular ou tablet, quando for mais conveniente.

Os organizadores de grandes eventos costumam fazer pesquisas com as plateias ao final de todas as sessões. Caso você esteja num evento com tal recurso, solicite os resultados. Mesmo que esteja fazendo uma apresentação muito menor e menos formal, pode pedir a um ou dois membros da plateia (cujas opiniões você valorize) que lhe forneçam uma leitura honesta do desenvolvimento da palestra. Diga que está tentando aprimorar suas habilidades, e eles provavelmente ficarão felizes em ajudar.

Analise opiniões
Se você estiver se dirigindo a um grupo grande em uma ocasião de destaque – fazendo a palestra principal de um evento, por exemplo –, provavelmente vale a pena analisar os dados das redes sociais, tais como quantas pessoas citaram sua apresentação em blogs, quanto tráfego foi direcionado ao comunicado à imprensa nas redes sociais e se a cobertura e os comentários foram negativos ou positivos. Isso proporcionará a você um cenário ainda mais detalhado de sua capacidade de conexão com a plateia.

Mas os dados podem ser intimidadores se você não souber muito bem o que está fazendo. Se necessário, contrate um especialista em SEO (*search engine optimization*) para de fato se aprofundar e ajudar você a ver onde se saiu bem e onde pode melhorar. Na análise, você pode descobrir um concorrente do qual não tinha conhecimento, por exemplo, ou um novo influenciador que esteja motivando o comportamento dos consumidores.

Analise seu alcance
Você também pode utilizar as ferramentas de SEO para medir quantas pessoas divulgaram sua mensagem nas redes sociais,

quantas clicaram nos links compartilhados e se sua mensagem foi captada pelas pessoas que você esperava. Novamente, trabalhe com um especialista em dados.

É necessário um estômago de ferro para digerir feedback negativo. Mas isso pode tornar você um apresentador melhor. Examine cuidadosamente o que a plateia está dizendo a seu respeito e modifique a mensagem, seus recursos visuais e execução, para assim gerar uma identificação mais precisa com as pessoas no futuro.

Iniciei minha carreira de palestrante numa pequena conferência anual. A primeira pesquisa de opinião informou que forneci uma enxurrada de informações valiosas, mas que a plateia não sentiu nenhum tipo de vínculo comigo. O organizador do evento então sugeriu que eu incorporasse mais histórias pessoais. Foi doloroso ouvir a crítica, mas ela era genuína. Levei o feedback muito a sério. Na verdade, aquilo me fez iniciar uma jornada de anos estudando estrutura e princípios narrativos, os quais aplico agora às apresentações.

Não estou sugerindo que todo feedback que você receba seja útil ou mesmo verdadeiro. No entanto, de modo geral, se você priorizar as necessidades da plateia ao criar conteúdo e for sincero em sua abordagem, as pessoas vão querer colaborar com seu sucesso.

Faça um acompanhamento depois de sua apresentação

Sua apresentação finalmente acabou e a adrenalina parou de correr. E agora?

Uma vez que você tenha conquistado as pessoas com seu ponto de vista, ajude-as a implementar suas ideias. Estimule-as. Ofereça a elas novos insights. Remova obstáculos. Mantenha sua mensagem viva das seguintes maneiras:

- **Envie mensagens pessoais.** Atualmente, é raro receber um recadinho manuscrito simpático, e as pessoas gostam quando isso acontece. Envie um bilhete toda vez que for grato por algo – a um colega que ajudou na montagem de sua apresentação, por exemplo, ou a uma executiva ocupada que tenha arrumado tempo para comparecer e manifestar seu apoio. (Também já enviei alguns bilhetes de "desculpas".) Pode ser um bilhete formal de agradecimento em papel timbrado ou um cartão perspicaz que se refira àquela conversa pessoal que você teve com a pessoa. Em um mundo de comunicações digitais, um toque humano se destaca.

- **Envie um e-mail à plateia.** Mande um e-mail aos participantes agradecendo pelo tempo dispensado. Caso considere adequado, resuma sua grande ideia, os pontos-chave, o convite à ação e a "nova felicidade". Em muitas ocasiões, os organizadores dos eventos vão compartilhar o contato dos participantes com você em vez de remunerá-lo por sua apresentação.

- **Seja acessível.** Se você fez uma apresentação em sua empresa, ser acessível pode significar oferecer um almoço logo depois da palestra, por exemplo, ou deixar sua agenda livre para responder mais detalhadamente às dúvidas dos colegas. Se você falou para uma plateia maior e não possui as informações de contato dos participantes, publique agradecimentos e outras mensagens em blogs e nas suas redes sociais. Responda a qualquer pessoa que inicie uma conversa educada com você.

- **Disponibilize materiais.** Se durante a palestra você prometeu qualquer material à plateia, envie-o imediatamente. Talvez você queira oferecer presentes de agradecimento, como livros ou acesso gratuito a conteúdo, mas verifique com a plateia primeiro. Muitas pessoas possuem contratos com seus empregadores que não permitem o recebimento de presentes de vendedores ou de influenciadores do ramo.

- **Telefone ou marque encontros.** Suponhamos que você tenha apresentado uma nova iniciativa que exigirá muito da equipe. Dedique tempo a ouvir as preocupações de cada membro. Pegue o contato telefônico caso não seja possível falar com todos pessoalmente. Os insights dessas conversas podem ajudar a moldar sua próxima comunicação com o grupo. Se você descobrir, por exemplo, que as pessoas estão preocupadas com a limitação de recursos, descreva seus planos para sanar esse problema.

- **Agende reuniões de "próximos passos".** Reúna os participantes depois da apresentação para responder a perguntas que exijam algum tipo de pesquisa ou análise, e trabalhem juntos num planejamento para atingir seus objetivos. Facilite a colaboração de todas as maneiras possíveis – por exemplo, solicite a entrega de um almoço no escritório e convide seus líderes de projeto a fazer um brainstorming sobre formas de difundir sua iniciativa internamente.

- **Realize uma nova apresentação.** Embora sua apresentação tenha sido concluída, pode ser que você precise fazer mais algumas semelhantes para compartilhar sua mensagem com outros grupos e assim disseminar suas ideias. Se estiver vendendo um produto ou serviço, o propósito da primeira apresentação costuma ser chegar a uma segunda apresentação – ou seja, uma conversa direta com um líder responsável pelas decisões.

Pense em cada interação como um momento de relacionamento maior com sua plateia. Esse é o estado mental necessário para convencer as pessoas a mudarem seu modo de pensar e seu comportamento – e seu universo profissional.

CONHEÇA OUTROS TÍTULOS DA
COLEÇÃO HARVARD UM GUIA ACIMA DA MÉDIA

Negociações eficazes
Jeff Weiss

Aprenda a sair de um processo de concessões sucessivas e a trabalhar de maneira colaborativa e criativa com a outra parte, construindo acordos e relacionamentos melhores. Veja também como:
- preparar-se com antecedência
- dar o tom certo à conversa
- compreender o que de fato está em jogo
- lidar com as emoções
- desarmar negociadores agressivos

Como lidar com a política no trabalho
Karen Dillon

Este livro reúne dicas valiosas para solucionar as questões de relacionamento mais comuns do dia a dia profissional. Aprenda a:
- tornar-se influente sem perder a integridade
- lidar com bullying, panelinhas e o queridinho do chefe
- encarar conversas desafiadoras com serenidade
- desenvolver um bom relacionamento com pessoas difíceis
- ser promovido sem causar discórdia
- aceitar que nem todo conflito é ruim
- reivindicar o reconhecimento dos seus méritos

CONHEÇA OS TÍTULOS DA *HARVARD BUSINESS REVIEW*

10 LEITURAS ESSENCIAIS
Desafios da gestão
Gerenciando pessoas
Gerenciando a si mesmo
Para novos gerentes
Inteligência emocional
Desafios da liderança
Lições de estratégia
Gerenciando vendas
Força mental
Alto desempenho

UM GUIA ACIMA DA MÉDIA
Negociações eficazes
Apresentações convincentes
Como lidar com a política no trabalho
A arte de dar feedback
Faça o trabalho que precisa ser feito
A arte de escrever bem no trabalho
Como lidar com o trabalho flexível
Como melhorar a saúde mental no trabalho

SUA CARREIRA EM 20 MINUTOS
Conversas desafiadoras
Gestão do tempo
Feedbacks produtivos
Reuniões objetivas

COLEÇÃO INTELIGÊNCIA EMOCIONAL
Resiliência
Empatia
Mindfulness
Felicidade

sextante.com.br